Erfolgreich eine Fernbeziehung führen

Katja von Eysmondt

„Du, Schatz ..."
Erfolgreich eine Fernbeziehung führen
Wie kann es gehen?

Mit einem Nachwort von Peter Wendl

Ellert & Richter Verlag

Inhalt

7 Vor die Frage gestellt

Entscheidung und Vorbereitung
9 „Du, Schatz, ..."
13 Langsames Abschiednehmen
15 Frage-Antwort-Bogen

Zeitpunkt der Trennung
17 Der Tag X
18 Tag 5 in der Fernbeziehung

Trennungsalltag
20 Eingewöhnungsphase
23 Erstes Wiedersehen und neue Erkenntnisse
27 Es tut gut zu wissen, wohin man gehört
32 Blumen schicken und Briefe schreiben
35 „Telefon-Guide"
37 Die Erkenntnis, wieder allein zu sein
40 „Yes, we can"
49 Es ist Zeit für ein paar Fragen
55 Fernbeziehung als Schreckgespenst?
58 Stippvisite
60 Eine ganz normale Woche
62 Freiheit als „verheirateter Single"
66 Der Gipfel ist erreicht
70 Ich habe keine Lust mehr, stark zu sein
73 Mein Genießerwochenende
76 Einsamkeit
78 Es ist kein endgültiger Zustand
84 Das Maßband schrumpft
86 Die Zeit verstreicht langsam
89 Dreihundert Tage sind geschafft!

91 Harmonie allein ist auch keine Lösung
95 Endlich Sommerferien
98 Gefühle ausleben und intensive Gespräche führen
102 Urlaub bekommt eine andere Bedeutung
107 Wieder zu Hause
113 Gemeinsam durch die Krise

Vorbereitung auf das Wiederzusammenleben
118 Eckhards Rückkehr naht
121 „Ist die Zeit nicht schnell vergangen?"
125 Das Ende ist in Sicht
127 Alles ist gut
130 Was übrig bleibt

Wieder zusammenwachsen
132 Integrationsphase
135 Schaffe ich es, die gewonnenen Erkenntnisse umzusetzen?
138 Möglichkeiten einer Fernbeziehung
140 Zuständigkeiten, Rituale
und sieben Minuten tägliche Kommunikation
142 Rollendurcheinander

146 Mein Blick zurück
148 Generelle Tipps für das gute Gelingen einer Fernbeziehung

152 **Dr. Peter Wendl: Fernbeziehung als Chance!**

Für die wichtigsten Menschen in meinem „Lebenspuzzle":
Carla, Hendrik und Eckhard

Danke

Angelika für Deine großartige Verbundenheit
Jenny für Deine unglaubliche Begeisterung
Viola als meine sportliche „Motivationsspritze"

Besonders danken möchte ich auch meinen Verlegern Marita Ellert-Richter und Gerhard Richter, meiner Lektorin Simone Winkens für die professionellen Anregungen und die gute Zusammenarbeit sowie Dr. Peter Wendl für die fachliche Unterstützung.

Vor die Frage gestellt

Sie haben einen Beruf, den Sie lieben? Sie arbeiten mit netten Kollegen und Vorgesetzten zusammen? Sie sind für Ihre Familie oder Ihre zu pflegenden Eltern da? Auf jeden Fall fühlen Sie sich wohl bei dem, was Sie tun, und haben nicht vor, in naher Zukunft etwas zu ändern. Ihre eigenen Kinder sind nicht mehr im Babyalter, aber auch noch nicht aus dem Haus, oder sie sind in jener Phase des Erwachsenwerdens, in der es besonders schwer scheint, sie dazu zu bewegen, sich einem für sie völlig neuen sozialen Umfeld zu öffnen. Einen Ozeandampfer zu manövrieren kommt mir leichter vor, als pubertierende Teenager für einen Auslandsaufenthalt zu begeistern. Nicht zuletzt haben Sie einen Partner, den Sie ohne Frage genauso lieben wie Ihre Kinder und Ihre Arbeit. Ausgerechnet in dieser für Sie zufriedenstellenden Lebensphase bekommt er ein Angebot, ins Ausland oder in eine entfernte Region zu gehen. Was würden Sie jetzt tun? Alles verändern? Oder dem Partner die Chance nehmen, die ihm so wichtig ist?

Genau vor diesen Fragen standen mein Mann Eckhard, unsere Kinder Carla und Hendrik und ich, und wir verbrachten viele Stunden mit Gesprächen zu viert und zu zweit, um uns letztlich für eine Fernbeziehung auf Zeit zu entscheiden. Wir wussten nicht, was auf uns zukommen würde, aber wir ließen uns mit Spannung und Neugier darauf ein. Ich suchte nach Antworten in Büchern, die sich mit dem Thema Fernbeziehung beschäftigten. Das Buch „Gelingende Fern-Beziehung" von Peter Wendl und das von Christine Koller geschriebene Buch „Liebe auf Distanz" gaben mir gute Tipps. Für die Entwicklung der Gefühlswelt, welche wesentlichen Regeln wichtig für eine gelingende Fernbeziehung sind und welche Chancen sich daraus ergeben. Diese Punkte, verbunden mit unseren persönlichen Erlebnissen und Erkenntnissen, habe ich zusammengefasst, um Ihnen die Entscheidung leichter zu machen, sich auch auf eine Fernbeziehung auf Zeit einzulassen, oder um Ihnen zu helfen, sie weiterhin gut zu bestehen. Zum Leben gehören viele Entscheidungen, und je mehr ich darüber weiß und je mehr ich darüber rede, umso leichter fallen diese. „Sprache, Sich-Mitteilen und Sich-Austauschen (Interaktion) bilden die entscheidende Voraussetzung und Möglichkeit, um weiterzukommen, um sich über die Situation klar zu werden und schließlich die Neugestaltung der Lebensveränderung erreichen zu können", schreibt Peter Wendl. Statistisch gesehen führt jedes achte Paar in Deutschland eine Fernbeziehung – als Wochenend-, Long-Distance- oder Pendlerbeziehung. Ein bisschen von jeder Form traf auf uns zu. Es handelt sich dabei immer um Paare, die in „keiner alltäglichen Wohn- und Wirtschaftsgemeinschaft" leben, stellt Christine Koller in ihrem Buch fest. Tendenz steigend. Mobilität wird immer mehr zur Einstellungsvoraussetzung für Arbeitnehmer. Ich stellte mich zusammen mit meinem Mann und den Kindern der Herausforderung „Fernbeziehung auf Zeit". Mit ganz viel Mut, Zuversicht und dem festen Glauben, die richtige Entscheidung getroffen zu haben.

Unsere Familiensituation ist nur ein Beispiel dafür, wie man eine Fernbeziehung leben kann. Meine Erfahrungen, die vielen Tipps und nicht zuletzt die Erkenntnis, dass Sie bei einer Fernbeziehung für sich persönlich nur gewinnen können, sollen Ihnen Mut machen, sich darauf einzulassen. So unterschiedlich auch die Menschen sein mögen, die in einer Fernbeziehung leben, ein Wunsch ist ihnen gemeinsam: dass Individualität und Zusammengehörigkeit sich nicht ausschließen. Wie meinem Mann und mir das gelungen ist, beschreibe ich auf den folgenden Seiten.

In dem Nachwort des Experten Peter Wendl finden Sie fachliche Hilfestellungen zur Bewältigung der Situation, unter anderem verrät er sieben Spielregeln der gelingenden Fernbeziehung.

Ich wünsche Ihnen viele Anregungen beim Lesen!

„Du, Schatz, ..."

Als ich nach einem langen Tag mit Kindern, Job und Haushalt endlich gemütlich auf meinem Sofa lag, sagte mein Mann Eckhard zu mir: „Du, Schatz, die wollen, dass ich nach Amerika gehe." Der „Schatz" bin ich, 43 Jahre alt, selbstständig arbeitende Englischlehrerin und Mutter eines pubertierenden Sohnes und einer vorpubertierenden Tochter. „Die" ist die Firma, für die mein Mann schon viele Jahre im Marketing arbeitet. Amerika meint genauer den Bundesstaat Arizona, welcher über neuntausend Kilometer von unserer rheinischen Vorstadt entfernt liegt und wo Eckhard schon bald für mehr als ein Jahr arbeiten sollte.

Durch das Studium meines Mannes und meinen früheren Beruf als Flugbegleiterin waren wir es gewohnt, immer wieder zeitweise allein zu leben. Wir hatten damals nur uns und genossen die gemeinsame, aber auch die getrennt voneinander verbrachte Zeit. Anders empfanden wir es dagegen, als Eckhard Mitte der Neunziger für ein Dreivierteljahr in die Schweiz ging. Ich blieb mit Hendrik, unserem damals drei Monate alten Sohn, in Deutschland. Wir lebten eine Wochenendbeziehung und machten unsere Erfahrungen als junge Familie. Überwiegend getrennt zu leben in einer Zeit, in der aus unserer Zweierbeziehung gerade eine kleine Familie wurde, war belastend. Deshalb stand der kommende Auslandsaufenthalt für uns zunächst unter keinem guten Stern. Ich war alles andere als begeistert, als mein Mann diesen folgenschweren Satz aussprach, und musste den Inhalt erst einmal verdauen.

Plötzlich sah ich mich mit wesentlichen Fragen konfrontiert, die unsere Familie gehörig durcheinanderwirbeln sollten:

- Wie sieht es mit dem Gefühlschaos aus, das im Laufe einer langen Trennung immer wieder ausbricht?
- Was passiert, wenn man als Paar und/oder Eltern plötzlich wieder als Single auf Zeit lebt?
- Welche Gefühle, Ängste, Wünsche entwickeln sich daraus?
- Welche Veränderungen kommen auf ein Paar, auf eine Familie zu?
- Wie gehen Kinder damit um, wenn sich die Eltern plötzlich aufteilen und ein Elternteil wiederholt über viele Wochen fehlt?
- Wie kommt der daheim gebliebene Partner mit dem neuen Alltag zurecht?
- Zu welchen Erkenntnissen und persönlichen Entwicklungen gelange ich in einer Fernbeziehung?
- Wie schafft man es nach diesen Erfahrungen, wieder in einer gleichberechtigten und zufriedenen Nahbeziehung zu leben?

Wendl spricht in seinem Buch sogar von einem „Anfangsschock nach Ankündigung", dazu gehören „grundsätzliche Überlegungen, ob wir die Trennung überstehen können", die „gedankliche Vorstellung, wie es werden könnte" und das „Ringen zwischen Ängsten/Befürchtungen bzw. Chancen/Hoffnungen". All dies galt es abzuwägen. Solche wichtigen Vorhaben werden in unserer Familie so entschieden, dass wir alle gemeinsam die Vor- und Nachteile besprechen. Ich unterrichte privat Kinder in Englisch und bin mit sehr viel Spaß selbstständig. Unsere Kinder Hendrik und Carla (Ende der Neunziger wurde unsere Tochter geboren) waren von der Vorstellung, die bekannten und lieb gewonnenen Freunde und ihre vertraute Umgebung für einen längeren Zeitraum zu verlassen, eher abgeschreckt. Also, was sollten wir tun?

Einfach mal nicht den Weg gehen, den Vorgesetzte und Kollegen vorschlagen, sondern selbst nach Lösungen für unser eigenes Lebensmodell suchen. Die meisten Familien sind zusammen für den gesamten Aufenthalt ins Ausland gegangen. Wir glaubten, dass es auch anders gehen könnte, und wollten gemeinsam die gestellte Aufgabe bewältigen. Dafür setzten wir uns alle an den Tisch in unserer Küche und diskutierten sehr gleichberechtigt und lebhaft, wie es wem mit welcher Entscheidung gehen würde. Eckhard wollte gerne das Gesamtpaket, also sich mit uns zusammen der neuen Aufgabe in den USA stellen. Ich wollte meine Selbstständigkeit nicht aufgeben, aber auch ungern für längere Zeit ohne den Vater meiner Kinder leben. Die wiederum hatten ziemlich schnell zu verstehen gegeben, auf gar keinen Fall in ein fernes Land umziehen zu wollen, wo sie doch gerade erst in unser neues Haus umziehen „mussten". Nachdem jeder seinen Standpunkt geäußert hatte, haben wir uns erst einmal eine Woche Pause genommen und das Thema aus unserem Alltag verbannt.

Meinem Mann und mir war es sehr wichtig, nicht gegen den Willen unserer Kinder zu entscheiden. Eckhard wollte diese berufliche Herausforderung annehmen und ich bei meiner Tätigkeit als Englischlehrerin hier in Deutschland bleiben. Also setzten wir uns ein weiteres Mal an den Küchentisch, um unseren Kindern den Vorschlag zu machen, dass wir uns als Familie „aufteilen" wollten. Mein Mann würde allein nach Amerika gehen, und die Kinder und ich würden in Deutschland bleiben. Hendrik und Carla machte die Vorstellung traurig, so lange ohne ihren Vater zu sein. Aber die Aussicht, ihn in den Ferien in Amerika besuchen zu können, versöhnte sie mit dieser Aufteilung. Es kamen also fünfzehn spannende Monate auf uns zu, in der wir eine Fernbeziehung auf Zeit als Familie leben würden.

Vor Eckhards Abreise hatten wir fast jeden Abend Gäste, die sich von ihm verabschiedeten. Es ist schön zu wissen, dass wir einige wirklich gute Freunde und unsere Familien haben. Für uns sind dies Menschen, die wir jederzeit um Hilfe bitten und auf die wir uns verlassen können, die uns Mut machen und Kraft geben. Gerade für mich war das damals sehr wichtig zu wissen, da ich eine Zeit vor mir hatte, in der ich unser Leben in Deutschland würde allein meistern müssen. Das Wissen um diese Freundschaften trug entscheidend dazu bei, den Weg so zu gehen, wie wir es dann taten. Ich weiß inzwischen sehr genau, auf wen ich mich verlassen kann.

Ich freute mich auf diesen neuen Lebensabschnitt, auch wenn mir damals schon klar war, dass es immer wieder Höhen und Tiefen geben würde. Aber ich wusste, was ich konnte und wollte. Vor allem aber wusste ich, dass wir als Team so gut wie alles schaffen konnten.

Auch mein Mann freute sich, die neue Herausforderung anzugehen und gemeinsam mit uns in den Ferien ein Land zu entdecken, das allein landschaftlich schon so viel zu bieten hat.

TIPPS:
Treffen Sie alle gemeinsam diese Entscheidung und nehmen Sie sich ausreichend Zeit dafür. Das ist ein schöner Anfang, um die Einzigartigkeit Ihrer Nahbeziehung ebenso gut in der Fernbeziehung zu bewahren.
Teilen Sie Ihrer Familie, Ihren Freunden und Nachbarn mit, dass Sie sich über Hilfe freuen würden. Ich bin mir sicher, Sie werden viel Gutes erfahren. Und wenn nicht, ist es vielleicht Zeit für neue Menschen in Ihrem Leben.

Langsames Abschiednehmen

Ursprünglich sollte es in den Sommerferien nach Italien gehen, aber wegen des anstehenden Amerikaaufenthalts meines Mannes blieb uns nur noch Zeit für eine Woche Urlaub in Bayern. Der Abschied stand kurz bevor, und so genossen wir diese gemeinsame Zeit intensiv als Paar und Familie. Es wurde gelacht, geredet, geliebt und ein wenig geweint. Carla holte sich noch viele Kuscheleinheiten von ihrem Papa, Hendrik ließ sich Überlebenstipps für die Zeit als zukünftiger Mann im Haus von ihm geben. Mein Mann und ich hielten uns viel im Arm. Eine tiefe Verbundenheit und der feste Glaube daran, das Richtige zu tun, wuchs als kleines Pflänzchen in uns. Irgendwie befanden wir uns zu dieser Zeit im Niemandsland unserer Gefühlswelt. Wendl beschreibt den Gefühlszustand unmittelbar vor der Abreise so: „Ringen um Harmonie vor der Abreise, letztlich aber oft besondere Distanziertheit und Unfähigkeit, sich gegenseitig Gefühle zu zeigen (‚emotionale Starre'); oder umgekehrt: intensives Bedürfnis nach Nähe." Man sollte sich darüber im Klaren sein, dass sich bereits Traurigkeit über die bevorstehende Trennung und Unsicherheit über den Verlauf der folgenden Monate als weitere Gefühle in einem selbst melden. Davon wusste ich damals noch nichts, aber die Traurigkeit durfte sich einfach nicht über das Gefühl der Vorfreude stellen. Die Unkenntnis, was die Zukunft bringen würde, gab mir schließlich auch den Mut, diesen Weg überhaupt zu gehen. Und dass manche Gefühle ganz normal in dieser Lebenssituation sein würden, das war in dieser Zeit des Abschiednehmens nicht vorrangig. Wichtig in dieser Phase so unmittelbar vor dem Abschied ist nur eins: diese kostbaren Tage als Paar und Familie so schön und zufriedenstellend wie möglich für alle zu verbringen. Dabei werden Loslassen und Festhalten besonders auf die Probe gestellt. Je entspannter Sie und auch Ihr Partner mit

Ihren positiven, aber auch negativen Stimmungen umgehen, umso leichter fällt Ihnen gerade dieser erste Abschied. Denn eins ist mal sicher: Es ist nicht für die Ewigkeit (auch wenn es sich gerade so anfühlt), es ist nur ein Abschied auf Zeit.

TIPP:
Sie befinden sich im „Ausnahmezustand". Seien Sie gut zu sich und Ihrem Partner.

Frage-Antwort-Bogen

Kurz vor der Abreise meines Mannes stellte ich ihm ein paar Fragen, die er neugierig und spontan beantwortete. Denn auch vor Eckhard machte das Gefühlschaos nicht halt. In seinem Kopf kreisten viele Fragen, auf die er die Antworten noch nicht kannte. Er war hin- und hergerissen zwischen der neuen Aufgabe, die sich ihm in einem fremden Land mit einem Leben als Single stellte, und seiner Familie, die er hier irgendwie ein wenig im Stich ließ. Auch wenn ich das nie so empfand, hatte mein Mann in dieser Zeit solche Gedanken mit sich zu klären. Die Unsicherheit, wie alles wird, wenn er nicht da ist, um die Familie zu unterstützen. Eckhard nahm diese Sorgen anfänglich auch mit auf die Reise. Wir wollten uns den Herausforderungen offen und sensibel stellen und würden sicher Lösungen für die kommenden Aufgaben finden, die eine Familie zu stemmen hat, auch über die Distanz von neuntausend Kilometern.

Es ist ganz wichtig, die Ängste und Sorgen des Partners zu kennen, damit auf beiden Seiten Verständnis wachsen kann. Deshalb stellte ich ihm diese Fragen. Vielleicht übernehmen Sie meine Fragen oder Sie formulieren oder ergänzen eigene. Schreiben Sie einfach alles auf, was Ihnen durch den Kopf schwirrt. Es hilft, das Gedachte zu Papier zu bringen, damit es klarer wird.

1. Worauf freust Du Dich am meisten, wenn Du jetzt für fünfzehn Monate in die USA gehst?
   Sonne, Motorrad, Landschaft
2. Was macht Dir die größte Angst?
   Die Rückkehr und wie es mit meiner Familie hier klappt, solange ich weg bin
3. Wen wirst Du am meisten vermissen?
   Katja

4. Was wirst Du am wenigsten vermissen?
   Meinen lästigen Heuschnupfen
5. Wie wirst Du Dein allererstes Wochenende in Arizona verbringen?
   Wohnungen anschauen, Umgebung erkunden, Ausstattung besorgen
6. Nenne ein paar Ziele, die Du Dir in den USA anschauen möchtest.
   Los Angeles, Highway No. 1, San Diego, Las Vegas, Grand Canyon, Rocky Mountains, Mexiko
7. Wie lange, glaubst Du, hältst Du es am Stück ohne Deine Familie aus?
   Zwei Monate (kann man aushalten, tat uns aber richtig weh, aber das wussten wir zu diesem Zeitpunkt noch nicht)
8. Was wünschst Du Dir für den gesamten Aufenthalt aus beruflicher Sicht?
   Viele neue Erfahrungen und Herausforderungen, ohne rund um die Uhr zu arbeiten
9. Was wünschst Du Dir für den gesamten Aufenthalt aus privater Sicht?
   Dass ich meine Familie häufig sehe, mein Englisch verbessern kann und viel von den USA sehen werde.

TIPP:
Erstellen Sie Ihren eigenen Fragebogen oder übernehmen Sie meinen.

Der Tag X

Und dann war es so weit: Gleich nach dem Frühstück begleiteten die Kinder und ich meinen Mann zum Auto. Mit zwei großen Koffern bepackt, einem entspannten Lächeln auf den Lippen und kleinen Tränen in den Augen verschwand Eckhard ins Taxi. Natürlich nicht, ohne uns alle vorher noch einmal fest in den Armen zu halten. Die Gewissheit, dass er uns nach vier Wochen bereits das erste Mal besuchen würde, ließ den kleinen Anflug von Trauer schnell verschwinden.
„Nun ist er weg." Die Worte meines Sohnes ließen mich noch so lange auf der Straße winkend stehen, bis das Auto nicht mehr zu sehen war. Das war schon ein komisches Gefühl. Wie würde es jetzt werden ohne ihn? Wie würde ich diese Zeit schaffen? Wie fühlte Eckhard sich dabei? Gleichzeitig war ich froh, dass der Abreisetag da war, dass es jetzt endlich losging. Denn von nun an konnten wir rückwärts zählen. Bis zu Eckhards endgültiger Rückkehr waren es vierhundertdreiundsiebzig Tage. Damit die Kinder einen Anhaltspunkt hatten, wie lang diese Zeitspanne ist, befestigte ich zwei Maßbänder aneinander. Ich schnitt alles ab, was nach 473 kam, und hängte das Übrige über meine Pinnwand in der Küche. Ein Zentimeter auf dem Maßband stand für einen Tag. Und so schnitten wir jeden Tag während der fünfzehn Monate einen Zentimeter ab. Dieses rote, fast fünf Meter lange Band würde schrumpfen über die Zeit. Es würde kleiner werden bis zum Tag der Rückkehr. Ich hingegen würde wachsen und größer werden. Dessen war ich mir in diesem Moment des Abschieds sicher und vergaß darüber jeglichen Zweifel.

TIPP:
Positionieren Sie gut sichtbar ein Maßband (einen Wochen- oder Monatsplan, eine Zahlenleiste oder Ähnliches) als Symbol für die Zeitspanne.

Tag 5 in der Fernbeziehung

Wir waren erst fünf Tage ohne Eckhard, da brach auch schon die Technikflut über mich herein. Ich musste Handys einstellen und zum Laufen bringen, MP3-Player sollten synchronisiert und Texte gescannt werden. Ich aber hatte keinen blassen Schimmer mehr, wie das ging. Auch standen wir eines Nachmittags plötzlich im Dunkeln, weil sich die elektronischen Rollläden zur völlig verkehrten Zeit schlossen. Ein Stromausfall während unseres ersten längeren Telefonats mit Eckhard brachte das Telefon in der Küche ganz zum Schweigen. Bei unserem ersten Gespräch wollte ich nur über nette Dinge mit meinem Mann sprechen, stattdessen wurden mir einmal quer über den Atlantik hilfreiche Tipps gegeben. Obendrein ließ Eckhard noch die Bemerkung fallen, dass ich jetzt mal sehe, wie es ohne ihn sei. Dass das nicht einfach sein würde, war mir klar. Dass ich hin und wieder verzweifeln würde, hatte ich auch befürchtet. Aber dass mir bereits nach nur fünf Tagen alles so auf die Nerven ging, zeigte mir, dass es grundsätzlich etwas zu ändern galt. Deshalb gelangte ich in diesem Chaos schnell zu der Erkenntnis, dass hier dringend Selbstständigkeit geboten war. Wendl spricht in seinem Buch von „emotionaler Verlorenheit" in der ersten Zeit nach der Abreise, und so fühlte ich mich damals auch. „Gefühle der Verlorenheit, des Alleinseins und der Überforderung sind oft die Folge", beschreibt Wendl die Situation für den daheim gebliebenen Partner, der die bisher zusammen gestaltete Lebenswelt nun alleine organisieren und realisieren muss.

Ich traf eine wichtige Entscheidung, nämlich dass sich meine Kinder ab sofort selbst mit ihrem „Kram" vertraut machen sollten. Ich dagegen würde mir jetzt mehr zutrauen und mehr ausprobieren. Unsere Kinder „flogen" schon seit Jahren wie die Trapezflieger im Zirkus, geschützt durch das doppelte Netz ihrer Eltern. Alle Bereiche, die sie an Grenzen stoßen ließen, wurden von meinem Mann und mir bestens abgedeckt. Bis dahin war mir das nie so aufgefallen, da die Kinder mir immer nur Fragen stellten, wenn es um meinen Bereich wie Schule oder Freizeit, Sorgen oder Freunde ging. Eckhard hingegen fing den Rest auf, alles was mit Technik (Computer, Handy etc.) oder „mir ist langweilig" zu tun hatte. Jetzt sollte ich alle Parts übernehmen, aber das konnte und wollte ich nicht. Ich fand, unsere Kinder waren inzwischen alt genug, Verantwortung für ihren Alltag und die damit verbundenen Pflichten zu übernehmen, und ich war erstaunlich schnell bereit, sie unter ihrer schützenden Käseglocke hervorzulassen. Denn wenn es bei diesem Tempo der letzten fünf Tage blieb, würde ich nicht mal die nächsten drei Monate schaffen, geschweige denn die kommenden fünfzehn.

Deshalb brauchten wir einen neuen Plan: Loslassen, aushalten und auflaufen lassen war von nun an die Devise. Ich wollte dieses Fernbeziehungsabenteuer ausschließlich positiv sehen. Wir würden uns in vielen Bereichen ändern müssen, um uns alle weiterentwickeln zu können. Das betraf nicht nur Eckhard, sondern auch uns drei. Die Komfortzone zu verlassen, fiel uns allen schwer, Eckhard in Amerika mit all den neuen Aufgaben, die er dort allein schaffen musste, und uns dreien hier. Aber wir waren und sind alle noch fit und flexibel genug, das Ruder herumzureißen. Und genau das taten wir. Wir änderten den Kurs, gingen aber weiterhin in dieselbe Richtung.

TIPP:
Lassen Sie sich Aufgaben zeigen, die bis dahin ausschließlich der abreisende Partner erledigt hat (Technik, Finanzen oder anderes). Das erleichtert den neu auf Sie zukommenden Alltag wesentlich.

Eingewöhnungsphase

Jetzt war Eckhard schon gut drei Wochen in den USA, und die Eingewöhnungsphase mit kleinen Veränderungen im Alltag war geschafft. Nach dem ersten Trennungsschmerz und dem Bewusstsein, dass es ab jetzt erneut „ernst im Leben" werden würde (wie oft war das eigentlich schon der Fall gewesen, und wie oft wird das noch vorkommen?), hatten wir die restlichen Ferien vor uns hin getrödelt. Die Kinder verbrachten ihre Zeit damit zu „chillen", und ich bereitete meine Kurse vor. Die anfänglichen Probleme der Technikflut, wer welche Aufgaben übernimmt, und die Gefühle der Verlorenheit hatten sich deutlich gelegt. Dazu schreibt Wendl: „Versuche, die Situation zu bewältigen, nehmen immer mehr zu. Auch Selbständigkeit, Selbstbewusstsein, Trotz und der Wille, die Zeit der Trennung zu überstehen." Ebenfalls in dieser Phase: „Versuch von Tag zu Tag zu leben. Emotionale Krisen treten zwar noch auf, aber ihnen folgen stetig Ruhephasen (,Jojo-Effekt')." Das traf es genau. Es folgten in den nächsten Monaten dieselben Abläufe. Nach der Entscheidung, getrennt zu leben, folgten immer wieder Abschiede, Wiedersehen und die sich langsam einstellende Routine mit neuerlichen emotionalen Krisen und Ruhephasen. Wenn das der Kopf verstanden hat und der Bauch da mitmacht, kann es eine wunderschöne Zeit werden. Mein Kopf passte sich der Situation schnell an, und mein Bauch freute sich schon sehr auf Eckhard, auch wenn ich ihn nicht mehr jeden Tag vermisste. Ich genoss die Zeit zu dritt, weil ich lernte, mich ganz neu zu organisieren. Früher hatte ich doch insgeheim gehofft, dass mein Mann schon sieht, wann er mir helfen sollte. Nur in den allerseltensten Fällen hatte das aber funktioniert. Um Hilfe zu bitten ist mir schon immer schwergefallen, aber jetzt lernte ich, damit umzugehen. Entweder machte ich Dinge allein (Türklinken montieren, Filzfüße anbringen, Gartenzäune befestigen), oder die Kinder und Freunde halfen mir, oder Handwerker wurden bestellt. Was auch ganz neu war: Ich ließ manche Dinge einfach liegen oder nahm sie gar nicht erst in Angriff. Plötzlich schienen sie mir nicht mehr so dringend. Hatte ich früher das Gefühl, alles sofort und perfekt erledigen zu müssen, nahm ich mich und meinen Alltag weniger wichtig. Ich merkte, dass mir das sehr gut tat. Diese Einstellung lernte ich in den ersten Wochen ohne meinen Mann. Ich war viel gelassener, als ich es von mir kannte, und es machte mir Spaß, mich so neu zu erleben.

Auch mir wieder etwas zuzutrauen tat und tut mir noch immer sehr gut. Ich hatte viele Dinge, die mir gut liegen, lange nicht mehr abgerufen. „Mach du das doch bitte", war in den letzten Jahren sicher einer meiner Lieblingssätze. Allerdings war ich dann frustriert, wenn das, worum ich gebeten hatte, nicht so gemacht wurde, wie ich es mir vorgestellt hatte. Überhaupt merkte ich in dieser ersten Zeit des Alleinseins, dass ich wieder Lust bekam, mehr auf mein Bauchgefühl zu achten. Denn ich zähle mich zu den Bauchmenschen, es liegt eher in meiner Natur, spontan zu handeln, ohne alles vorher zu durchdenken. In den vergangenen Jahren hatte ich diesem Gefühl nur sehr wenig Raum gelassen, daher musste ich erst wieder lernen, ein Gespür dafür zu erlangen. Ich versuchte in der Zeit des Getrenntseins, mehr aus dem Bauch heraus zu agieren. Zum Beispiel beim Buchen der Tickets für unseren ersten Urlaub bei Eckhard in den USA.

Von Deutschland nach Arizona zu kommen war nicht möglich, ohne einen Zwischenstopp einzulegen. Mein Mann flog immer über London und mit einer englischen Fluggesellschaft und schlug mir diese Route auch für mich und die Kinder vor. Ich wollte aber lieber eine so lange Strecke mit den Kids nonstop fliegen. Deshalb entschied ich mich für die Buchung bei einer deutschen Airline, um ohne Zwischenlandung nach Los Angeles zu fliegen. Dort wollten wir dann ein paar Tage gemeinsam mit meinem Mann verbringen und danach unsere Reise mit dem Auto nach Arizona fortsetzen. Es tat mir gut, selbstständig und allein entschieden zu haben. Für mich ein kleiner, aber wichtiger Schritt zur Veränderung meiner Persönlichkeit.

Die Kinder freuten sich auf ihre erste große Flugreise und ich mich darauf, die Familie eine Zeit lang zusammenzuhaben. Aber erst einmal sollte mein Mann in wenigen Tagen zu uns nach Hause kommen, und wir würden es feiern, den ersten Monat geschafft zu haben. Letztlich waren die ersten vier Wochen sehr schnell vergangen, was sicher auch daran lag, dass die Kinder und ich noch Ferien hatten und es, mal abgesehen von den kleinen „Technikkatastrophen", keinen anstrengenden Alltag gab. Wir drei hatten viel Zeit für uns und die Organisation unserer neuen Lebenswelt. Mein Mann hingegen konnte sich herrlich allein und ohne schlechtes Gewissen auf seine neue Arbeit konzentrieren und so lange arbeiten, wie er wollte. Jedes Familienmitglied lernte mit den neuen Erfahrungen, sich auf unser Abenteuer weiter einzulassen. Diese vier Wochen waren die allererste Hürde unseres Laufs, und sie machten uns Mut für die weiteren. Eine große Portion Mut gehört dazu, wenn man sich auf so ein Abenteuer einlässt. Wie die weiteren Hürden zu schaffen waren, wussten wir nicht. Aber voller Neugier und Spannung warteten wir auf diese Herausforderungen.

TIPP:
Treffen Sie ganz eigene Entscheidungen und gehen Sie geduldig und ruhig in die aufkommende Umstellung.

Erstes Wiedersehen und neue Erkenntnisse

So kurz vor unserem ersten Treffen wuchs bei mir die Nervosität mit jedem Meter, den ich dem Flughafen – und damit meinem Mann – näher kam. Eckhards Flug hatte Verspätung, und ich konnte meine Unruhe nun kaum noch aushalten. Ich wollte Eckhard endlich wieder in meine Arme schließen, und als er nach der Zollkontrolle auf uns zukam, war es wunderschön, ihn wiederzusehen. Die Kinder, mein Mann und ich standen einen Moment eng umschlungen in der Ankunftshalle und genossen dieses warme Gefühl der Freude. Wir hatten einander sehr vermisst, waren einsam gewesen und hatten Sehnsucht nach Zärtlichkeit und der Heimat. Es tat uns unheimlich gut, wieder zusammen zu sein.

Zu Hause angekommen brachten die Kinder ihren Vater auf den neuesten Stand, was Freunde, Schule, Computerspiele, Judo und Ballett betraf. Die nächsten Tage verbrachten wir zusammen im Kino, beim Kochen oder Spazierengehen. Wir luden Freunde ein, um mit ihnen gemeinsam den ersten geschafften Monat zu feiern. Wir genossen Eckhards Kurzbesuch in jedem Augenblick. Vor allem die körperliche Nähe tat mir gut nach vier Wochen Einsamkeit. Uns verband viel, das machte es leicht, schnell wieder miteinander vertraut zu sein. Wendl beschreibt diesen Zustand so: „Im Idealfall herrscht die Motivation vor, gemeinsam wieder eine Einheit zu werden, sich wieder aneinander zu gewöhnen und die Trennung zu verarbeiten." Diese erste Trennung hatten wir gut geschafft. Zum einen, weil sie kurz war. Zum anderen, weil jeder mit seinen neuen Herausforderungen gut abgelenkt war in der Zeit des Alleinlebens. Ich organisierte mein Leben als alleinerziehende, berufstätige Mutter, und Eckhard kümmerte sich um die Wohnungssuche, Behördengänge und seinen neuen Arbeitsbereich. Letztendlich gelang uns diese erste

Trennung deshalb so gut, weil sie wie eine Probe war, vergleichbar mit einer Probestunde beim Musikunterricht oder im Sportverein, an der meine Kinder teilnehmen können. Man schnuppert rein, und wenn es einem gefällt, macht man weiter. Uns hatte es gefallen. Ich vermutete aber damals schon, dass im Laufe der Zeit noch ein paar Veränderungen auf uns zukommen würden.

Nach knapp acht Tagen hieß es dann wieder Abschied nehmen. Es fiel uns schwer. Als wir am Flughafen ankamen, fühlten wir diesmal nur wenig Freude, dafür etwas Trauer. Eckhard flog zurück in die USA, und für die Kinder und mich fand unser Leben in Deutschland statt. Wir hatten uns mit vollem Bewusstsein auf dieses Abenteuer eingelassen und würden jetzt keinen Rückzieher mehr machen. Wir hatten eine erwachsene Entscheidung getroffen und standen voll dahinter. Interessant war für uns beide die Erkenntnis, dass wir das zwar aushielten, gegen das Gefühl des Vermissens aber dringend praktische Lösungen brauchten. Länger als vier Wochen wollten wir eigentlich nicht getrennt sein. Also konnte eine Frage aus Eckhards Fragebogen inzwischen korrigiert werden, denn es wurde uns auf einmal bewusst, dass Vorstellung und Erlebtes zwei Paar Schuhe sind. Als wir unsere gemeinsamen Urlaube planen wollten, erkannten wir, dass dies schwieriger werden würde als angenommen. Wir knobelten einen Jahresplan aus und mussten feststellen, dass wir zu manchen Zeiten mal sechs, sieben oder sogar acht Wochen getrennt sein würden. Es war bei dieser Entfernung und unseren beruflichen Verpflichtungen (Eckhard bekam nur zwanzig Tage Urlaub) nicht möglich, einen Vier-Wochen-Rhythmus einzuhalten, obwohl wir uns dies sehr wünschten und alle Möglichkeiten durchdachten.

Wir wussten nicht, wie wir eine so lange Zeit ohneeinander aushalten würden, waren uns aber sicher, dass wir es gemeinsam schaffen könnten, und fanden eine Lösung. Immer abwechselnd wollte Eckhard uns besuchen und wir ihn in den Schulferien. Es gibt Paare, die sich noch regelmäßiger sehen, wie zum Beispiel bei einer Wochenendbeziehung, dennoch gibt es auch Fernbeziehungsliebende, die sich vielleicht nur zweimal im Jahr wiedertreffen. Schöpfen Sie alle Möglichkeiten des Wiedersehens so gut es geht aus. Verhandeln Sie mit Ihren Arbeitgebern, planen Sie alle Brückentage ein, oder suchen Sie sich rechtzeitig die günstigsten Flug- oder Zugverbindungen raus. Je klarer Ihre Vorstellung vom nächsten Treffen ist, desto leichter halten Sie die dazwischen liegende Zeit aus. „Die Erkenntnis setzt sich durch, dass die Trennungszeit noch andauern wird, gleichzeitig aber auch begrenzt ist und ein Ende haben wird", schreibt Peter Wendl in seinem Buch.

Der Alltag hat mir immer wieder geholfen, die Trennungsphasen durchzustehen. Durch die täglichen Aufgaben, meine Arbeit, die Kinder und Treffen mit Freunden dachte ich nicht ständig über das Getrenntsein nach. Erst abends, wenn ich zur Ruhe kam, machte sich eine Sehnsucht in mir breit, die ich sonst im alltäglichen Einerlei mit meinem Mann nicht mehr gespürt hatte. Ich vermisste ihn dann sehr und hätte gerne jemanden zum Reden oder Kuscheln bei mir auf dem Sofa gehabt. Ich sah die Fernbeziehung als Riesenchance für unsere Ehe und dafür, den anderen noch mal ganz neu zu entdecken. Durch diese zeitlich begrenzte Trennung sah ich meinen Mann zum ersten Mal seit vielen Jahren wieder als einen individuellen Menschen, der unabhängig von mir war. Dadurch lernte ich ihn ganz anders schätzen. Umgekehrt spürte ich dasselbe für mich. Das war ein schönes Gefühl, und endlich schrumpften auch die Trauer, die Sehnsucht und die Einsamkeit in meinem Herzen.

In einem Prozess zu stecken und sich in eine bestimmte Richtung zu entwickeln fand ich sehr spannend in meiner Fernbeziehung auf Zeit. Diese positive Seite meiner Persönlichkeitsentwicklung wurde mir dabei bewusst. Ich wollte Herausforderungen annehmen und umsetzen, solange mir dies möglich war. Wir sind auf unserer wunderschönen Welt nur für einen kurzen Zeitraum. Ich möchte intensiv leben und mir die kleinen und großen Träume erfüllen. Nicht erst damit anfangen, wenn ich „alt" bin, meine Kinder aus dem Haus sind, ich in Rente gehen darf, falls es die für die „Babyboomer-Generation" überhaupt noch irgendwann geben wird. Wenn ich diese Erde verlasse, kann ich nichts mitnehmen, aber solange ich noch da bin, will ich die Dinge tun und erleben, die mir wirklich wichtig sind und die mir Freude machen. Vielleicht war es bisher so gewesen, dass ich mich immer zu sehr mit den Herausforderungen der anderen beschäftigt hatte und dabei meine eigenen vergaß. Das wollte ich jetzt ändern. Der Amerikaaufenthalt meines Mannes und die damit einhergehende Fernbeziehung auf Zeit waren ein neuer Anstoß für meine Persönlichkeitsentwicklung (eigene Entscheidungen treffen, Verantwortung an die Kinder abgeben, gelassener mit mir und meinem Alltag umgehen, wissen, dass eine große Kraft in mir wächst) und deshalb sehr wichtig für mein Leben. Ich hatte so die Möglichkeit, mich noch mal ganz neu zu erfahren.

TIPP:
Um den Überblick zu behalten und die kommenden Wiedersehen fest im Visier zu haben, planen Sie die gesamte Trennungszeit für den Urlaub und die Besuche grob durch.

Es tut gut zu wissen, wohin man gehört

Nach einer langen Zeit des Wartens waren dieses Mal die Kinder und ich an der Reihe, auf die Reise zu gehen. Carla und Hendrik fieberten danach, endlich das Land der unbegrenzten Möglichkeiten kennenzulernen. Ich war voller innerer Spannung wegen des Wiedersehens mit Eckhard. Wir starteten in Düsseldorf, und in elf Stunden würden wir endlich wieder eine vollzählige Familie sein. Da es ein Tagesflug war, dachte keiner von uns ans Schlafen, die Vorfreude auf das Wiedersehen hielt uns sowieso alle wach. Die Crew war sehr nett, genau wie unsere Sitznachbarn, was bei einer solchen Nähe und Flugdauer durchaus eine wichtige Rolle spielt. Die Kinder waren mit Fernsehschauen und Videospielen beschäftigt. Ich las mein Buch, schaute einen Film oder hielt Smalltalk mit meinem Nachbarn. Die letzten zwei Stunden zogen sich dann aber doch wahnsinnig in die Länge. Fünf Minuten kamen mir vor wie eine Ewigkeit, dieses Stillsitzen fiel mir schwerer, als ich gedacht hatte. Aber was blieb mir anderes übrig, ich musste da jetzt durch. Und ich wusste ja, warum ich es tat: Ich wollte bei meinem Mann sein.

Es war ein herrliches Gefühl, Eckhard zwischen all den fremden Menschen in Los Angeles am Flughafen zu entdecken. Nun konnte ich es kaum mehr erwarten, mit meinem Mann zu sprechen, ihn zu umarmen und einfach seine Nähe zu spüren. Hier gehörte ich hin, zu Eckhard, und das zu fühlen tat richtig gut.

Wir waren alle froh und dankbar, gesund das Wiedersehen zu feiern. Seit bei uns im Bekanntenkreis Familienväter in unserem Alter gestorben sind, schätze ich unsere Gesundheit noch mehr als vorher. Die verwitweten Frauen sind jetzt allein mit ihren Kindern und der endgültigen Gewissheit, dass ihr Partner und der Vater ihrer Kinder nie wiederkommen wird.

Diese Tatsache ließ mich unsere Fernbeziehung aus einem anderen, weiteren Blickwinkel betrachten. Das Leben schreibt seine eigene Geschichte. Deshalb versuche ich, jedem Tag etwas Gutes abzugewinnen. Das ist leichter gesagt als getan, weil der Alltag immer wieder auch Frust und Leid statt Freude und Genuss bringt, und mir gelingt dies auch nicht immer. Aber ich versuchte, durch die Schicksalsschläge dieser Frauen und die Situation, die bei uns zu der Zeit herrschte, als mein Mann sich in Amerika aufhielt, bewusster zu leben. Jede Woche mehr, manche Woche besser als die andere, stets bemüht, für das dankbar zu sein, was ich habe. Ich finde, jeder sollte das Beste aus seiner Zeit machen. Auch wenn auf der Welt viele Dinge passieren, die mir gar nicht gefallen, versuche ich, für mich und meine Familie den Alltag so gut wie irgend möglich zu gestalten. Ich möchte mich nicht in Kleinkram verlieren, sondern dankbar sein für das, was mir geschenkt wurde. Dankbarkeit ist etwas Großartiges. Ich bin meinen Eltern dankbar dafür, dass ich meinen Traumberuf Flugbegleiterin ausüben konnte und sie mit mir gemeinsam die Hürden, die vor diesem Ziel standen, genommen haben. Ich bin dankbar dafür, dass ich viele lustige Jahre mit meinen Geschwistern verbracht habe. Ich weiß tief in meinem Herzen, dass es diese Menschen gibt, auf die ich mich zu hundert Prozent verlassen kann. Ich bin dankbar, dass ich einen Partner gefunden habe, der mich schon über viele Jahre begleitet und mir so viele schöne Dinge ermöglicht. Ich bin dankbar für meine beiden gesunden, wunderbaren Kinder, die mir trotz der immer wiederkehrenden Alltagstristesse viel geben. Und nicht zuletzt bin ich mir selbst dankbar, dass ich immer unbeirrt meinen Weg gehe und bisher nur wenige Dinge als wirkliche Fehler sehen würde. Obwohl Fehler zum Reifungsprozess gehören. Manche Umwege erhöhen doch auch die Ortskenntnis.

Als wir im Hotel in Los Angeles ankamen, waren wir ziemlich müde, aber der allererste echte amerikanische Cheeseburger musste natürlich noch gegessen werden. Die gemeinsame Zeit als Familie war vor allem für die Kinder wichtig. Carla genoss es, mich und ihren Vater bei sich zu haben. Hendrik fand es aufregend, in einer Weltmetropole zu sein. Wir schliefen trotz Zeitverschiebung super und marschierten ausgeruht am nächsten Morgen zum amerikanischen Frühstück mit Pancakes, Eiern und Saft. Wir schauten uns die RMS Queen Mary an, die im Hafen von Long Beach als Museum und Hotel liegt. Und natürlich waren die Kinder auf den Pazifik gespannt. Sie gingen schwimmen und surfen, und wir alle genossen die warmen Sonnenstrahlen auf unserer Haut. Es war wunderschön, als Familie Urlaub zu machen. Wir erlebten alles gemeinsam, keiner musste den anderen vermissen. Zeit zusammen zu verbringen bekam eine ganz andere Bedeutung als vor unserem Getrenntsein. Ein guter Ausgleich zum Alltag ist, gemeinsam Neues zu erleben. Und genau das taten wir aus vollem Herzen, als wir unseren ersten Urlaub bei Eckhard in den USA verbrachten. Einsamkeit wurde durch Zweisamkeit ersetzt und Sehnsucht eingetauscht gegen Nähe.

Nachdem wir das Wochenende in Long Beach verbracht hatten, zog es uns dann aber doch nach Arizona, weil wir alle auf Eckhards Zuhause gespannt waren. Nach sechs Stunden Autofahrt durch die Wüste waren wir am Ziel. Ich freute mich, dass mein Mann ein so schönes Haus mit viel Platz für uns alle gemietet hatte. Wir kannten es bisher ja nur von Fotos. Ein Gemeinschaftspool gehörte auch dazu, der fußläufig erreichbar war. Für uns ganz normal. Die ebenfalls in der Siedlung lebenden Amerikaner nutzten dafür ihr Auto. Wir bekamen schon mal erstaunte Blicke aus entgegenkommenden Wagen, wenn die Kinder und ich mit Handtuch und Schwimmbrille zu Fuß auf dem Weg zum Pool waren. Aber die Amerikaner sind in solchen Situationen eher cool und höflich, und so grüßten wir uns immer freundlich. Eckhard musste die kommende Woche arbeiten, was ich sehr bedauerte.

Amerikaner haben deutlich weniger Urlaub als die meisten deutschen Arbeitnehmer und damit auch Eckhard in der Zeit seines Aufenthalts in den Staaten. Also verbrachten die Kinder und ich die Tage gemeinsam am Pool oder in den riesigen Shoppingmalls. Ich fand schöne Rezepte in einem amerikanischen Kochbuch, um uns abends etwas Köstliches zuzubereiten. Vorher ging ich bewaffnet mit meiner Einkaufsliste in den Supermarkt, wo das Wort „super" auch wahrhaftig zutrifft. Denn hier gibt es wirklich alles, und ich hatte viel Spaß beim Suchen der entsprechenden Zutaten. Abends schauten die Kinder das englischsprachige Fernsehen mit all den Serien, die sie von zu Hause kannten, aber noch unbekannten neuen Folgen. Mein Mann und ich liebten unser Zusammensein und versuchten, uns über alles bis dahin Erlebte auszutauschen. Diese Zeit in Arizona tat einfach gut, weil, wie es meine Tochter so schön nannte, wir wieder eine „richtige Familie" waren. Die Kinder konnten sich von der Schule erholen, ich von meinem Alltag, und mein Mann hatte zum ersten Mal das Gefühl, dass Leben in sein amerikanisches Haus kam. Uns so nah zu sein bedeutete uns viel. Das musste nicht laut ausgesprochen werden, das spürte jeder.

Leider hieß es bald wieder, durch die Wüste zurück nach San Diego in Kalifornien zu fahren. Dort verbrachten wir in einem herrlichen Resort noch einige Tage Strandurlaub bei sonnigem Wetter und einer Wärme, die uns sehr gut tat, da wir in Deutschland schon den Herbst spüren konnten. Wir schwammen ausgiebig im Pazifik und genossen unsere letzten gemeinsamen Tage in Venice Beach, besuchten Hollywood, den Rodeo Drive und die Universal Studios.

Am Tag des Abflugs hatte ich ein lachendes und ein weinendes Auge. Einerseits freute ich mich wahnsinnig auf Deutschland, auf meine Arbeit, auf unseren Hund Tara und unsere Freunde. Ich hatte mittlerweile die Gewissheit, dass ich die kommende Zeit ohne Eckhard gut hinbekommen würde. Aber mir tat es auch leid, von Eckhard wegzugehen und zu sehen, dass er traurig war, uns ziehen zu lassen. Er blieb allein zurück. Hatte ich immer noch die Kinder, fühlte er sich in dem Moment sehr einsam. Auch vor dem Hintergrund, dass uns diesmal sechs Wochen trennten bis zum nächsten Wiedersehen. Keiner wusste, wie wir das erleben würden. Wahrscheinlich täte es weh, und wir würden bald Sehnsucht verspüren und uns vermissen. Mit gemischten Gefühlen stieg ich mit den Kindern ins Flugzeug. Ich dachte an mein Maßband und stellte mir die vielen Tage vor, die ich abschneiden würde bis zu unserem nächsten Treffen. Die Vorfreude darauf ließ den Abschied etwas leichter werden.

TIPP:
Wie beim Autofahren, so gilt auch in der Beziehung: Umwege erhöhen die Ortskenntnis.

Blumen schicken
und Briefe schreiben

Unsere Rückkehr aus den Staaten war schon drei Wochen her. Inzwischen hatten wir tatsächlich über einhundert Tage hinter uns gebracht. Ein kleiner Teil des Ganzen war Vergangenheit. Was würde noch in der Gegenwart passieren, und welche Abenteuer lagen in der Zukunft? Mir war es in dem Moment egal, denn ich hatte nur bedingt Einfluss auf das, was kommen würde. Ich war erleichtert, dass ein Abschnitt vorüber war. Und jeder abgeschnittene Zentimeter auf dem Maßband zeigte mir, wie die Zeit bis zu Eckhards Rückkehr immer kürzer wurde.

Die Kinder und ich fuhren für ein Wochenende in den Schwarzwald, wo wir uns am Nichtstun ausgiebig erfreuten. Ich genoss Wellness, gutes Essen und den Service, mich nicht ums Bettenmachen oder Kücheaufräumen kümmern zu müssen. Mein Sohn „hing ab", und meine Tochter verbrachte den Tag im Kindertreff. Obwohl die Zeit mit meinen Kindern sehr schön war, machte mir unser Kurzurlaub nur halb so viel Spaß, weil Eckhard nicht dabei war. Er fehlte einfach überall. Beim Toben mit den Kindern im Schwimmbad, in der Sauna mit mir, beim Frühstück und Abendessen. Um als Teil bei uns zu sein, schickte er mir einen wunderschönen Blumenstrauß ins Hotel. Er wusste ja, wie angenehm es in der Anlage war, und wäre gern bei uns gewesen.

Überhaupt bekam ich viele schöne Sträuße in den Monaten, die mein Mann in Amerika lebte. Und ich habe es geliebt, so verwöhnt zu werden. Als Dank habe ich ihm meist einen Brief geschrieben, in dem ich von meinen Gefühlen und meinem Leben in Deutschland ohne ihn erzählte. Er freute sich jedes Mal sehr, wenn er unter all der kommerziellen Papierflut einen Brief oder ein Päckchen von uns in seinem Postfach fand.

Peter Wendl spricht in seinem Buch von den „10 Fern-Beziehungs-Geboten ‚kompakt' für die Erhaltung der Liebe". Unter Punkt sechs steht: „Überraschen Sie Ihren Partner. Schaffen Sie Abwechslung ... Beide tragen Verantwortung dafür, dass keine lähmende Monotonie eintritt." Wir nahmen damit am Leben des anderen teil und übernahmen beide Verantwortung dafür, dass es dem Partner weit weg von einem selbst gut ging. Durch Blumenschicken oder Briefeschreiben, Überraschungen, die vermutlich wieder einschlafen würden, wenn unsere Fernbeziehung zu Ende gehen wird. In dieser Zeit waren sie aber wahnsinnig wichtig für uns beide, weil so der Kontakt aus der Distanz aufrechterhalten wurde.

Eine andere interessante Frage, die mir in dieser ersten Zeit der Fernbeziehung immer wieder gestellt wurde, war, wie die Kinder denn die Trennung verkrafteten. Ich beantwortete diese Frage ehrlichen Herzens damit, dass unsere Kinder die Gesamtsituation hervorragend bewältigten. Sie sind es von klein auf gewohnt, dass ich für sie die erste Anlaufstelle bin. Bis Eckhard spätabends nach Hause kommt, haben sie ja von ihren Highlights oder auch kleinen Sorgen bereits erzählt. Für mich war diese alleinerziehende Lösung (der Amerikaaufenthalt meines Mannes war damals für mich nichts anderes) lange schwierig gewesen, vor allem als die Kinder noch klein waren. Da war ich manchen Abend froh, wenn Eckhard endlich nach Hause kam, um mich zu unterstützen.

Inzwischen sind unsere Kinder größer, und sie leben für den Moment. Sie kommen aus der Schule, erzählen kurz von ihren Erlebnissen, und dann sind sie auch schon wieder mit sich selbst beschäftigt. In Christine Kollers Buch fand ich dazu: „Prof. Horst Petri: ‚Väter, die berufsbedingt abwesend sind, auch solche, die zeitweise wochen- und monatelang unterwegs sind, werden dennoch als zur Familie zugehörig wahrgenommen. Im Bewusstsein und Erleben der Kinder bleibt die Kontinuität der Beziehung gewahrt.' Psychologin Berit Brockhausen betont, dass nicht die Quantität, sondern die Qualität der Zeit entscheidend für ein gutes Kind/Elternverhältnis ist."

Um damit auf die Frage meiner Freunde zurückzukommen: Damals gab ich meist zur Antwort, dass Eckhard und ich uns gegenseitig am meisten vermissten. Natürlich fehlte den Kindern ihr Vater auch. Und wenn er da war, schenkte er ihnen die Aufmerksamkeit, die sie benötigten, und dann war für sie alles gut. Wenn er weg war, war er eben weg. Die Kinder passten sich dieser Situation relativ gut an, denn sie hatten immer noch mich als Bezugsperson, so wie sie es schon viele Jahre kannten.

Ich aber fand und finde die Tatsache wunderbar, meinen Mann auch noch nach über zwei Jahrzehnten der Gemeinsamkeit zu vermissen und zu merken, wie sehr ich an ihm hänge. Solche Gedanken und Gefühle kamen bei mir im Alltag immer seltener vor, weil mal wieder der Müll nicht hinausgebracht wurde, die Getränke nicht eingekauft waren oder ein vereinbarter Termin nicht eingehalten werden konnte. In diesen Alltagsturbulenzen gingen meine Gedanken an Eckhard eher verloren, und ich merkte auch nicht, wie wichtig er mir ist, weil ich mich über ihn geärgert hatte oder der Alltagsstress keine tiefer gehenden Gedanken bei mir aufkommen ließ. Mittlerweile ärgerte ich mich schon seit vier Monaten nicht mehr über meinen Mann, und das war ein herrliches Gefühl. Wir versuchten beide, uns so gut es ging zu unterstützen. Jedes Telefonat erhellte unseren Alltag, jedes Geschenk, jeder Brief, jede noch so kleine Aufmerksamkeit zeigte dem anderen, wie sehr man an ihn dachte. Die Kinder spielten dabei die kleinere Rolle.

TIPPS:
Überraschen Sie einander (spontaner Besuch, Blumen, Briefe, Pakete), damit der andere in der Ferne weiß, dass man ihn nicht vergisst.

„Telefon-Guide"

In dem Buch „Liebe auf Distanz" hat die Autorin Christine Koller einen „Telefon-Guide für Fernliebende" zusammengestellt. Für das Funktionieren einer Fernbeziehung ist es enorm wichtig, dass sich beide Partner an bestimmte Kommunikationsspielregeln halten. Eckhard war erst einige Wochen von zu Hause fort, und wir hatten noch keine klare Absprache über unsere gegenseitige Erreichbarkeit getroffen.

Koller: „Wichtig: Wenn einer der beiden ... nicht ... zu Hause ist, vorher Bescheid geben, damit der andere nicht ins Leere läuft bzw. ins Freizeichen telefoniert." Vielleicht haben Sie auch schon mal eine ähnliche Situation erlebt und waren darüber so frustriert wie ich: Eckhard hatte mir Bescheid gegeben, als er sich das erste Mal allein auf seinem Motorrad auf den Weg durch die Wüste Arizonas machte. Er rief mich an, um sich „abzumelden", und ich wünschte ihm eine schöne Tour. „Ich rufe dich später noch mal an", hörte ich ihn noch sagen, bevor wir uns am Telefon verabschiedeten.

Ich verbrachte meinen freien Sonntag mit den Kindern und erledigte Dinge, die liegen geblieben waren. Als ich am Abend immer noch nichts gehört hatte, rief ich Eckhard auf seinem Handy an. Aber am anderen Ende der Leitung ging immer nur die Mobilbox an, oder ich hörte ein Freizeichen, welches, wie sich hinterher herausstellte, im Nirvana der Wüste Arizonas endete. Aber diese Zeit des „Nichterreichenkönnens" war zum einen gruselig für mich, weil ich dachte, er liegt irgendwo im Graben und keiner kann ihm helfen. Und zum anderen auch frustrierend, weil ich nicht verstand, warum er nicht an das verdammte Handy ging. Ich fühlte mich ausgegrenzt und allein. Nicht nur, dass er vermutlich einen spannenderen Sonntag als ich verbracht hatte, nun lief ich auch noch ins Leere mit meinen Anrufen. Jetzt schob ich richtig Frust. Nach mehrmaligem Wiederholen der Rufnummer und einer kleinen

Ewigkeit hörte ich am anderen Ende einen ganz zufriedenen Motorradfahrer, der einfach Zeit und uns vergessen hatte und auch nicht ganz begriff, weshalb ich mir solche Sorgen gemacht hatte. Wir sprachen direkt bei dem Telefonat über meine Gedanken, die damit verbundenen Ängste und den Frust. Eckhard wurde erst allmählich klar, was in mir vorging. Ab diesem Zeitpunkt gab es ganz klare Absprachen. Jeder sagte vorher Bescheid, wenn er nicht zu erreichen oder der Moment für ein ruhiges Gespräch ungünstig war. Gerade wie in unserem Fall gab es in den Weiten Amerikas immer wieder Funklöcher, wo einfach überhaupt kein Handynetz zur Verfügung stand. Das stellte ich später oft selbst fest, als wir die vielen Meilen zwischen Arizona und Kalifornien unterwegs waren. Aber ich hatte mir das so am Anfang der Trennung halt nicht vorstellen können, dass in dem Land der unbegrenzten Möglichkeiten von jetzt auf gleich jegliche Kommunikation mit der Außenwelt unterbrochen ist. Zudem kam noch hinzu, dass Eckhard, wenn er mit dem Motorrad unterwegs war, schlicht und ergreifend das Handy nicht hörte. Wenn er aber wieder Empfang hatte und meine Nummer auf dem Display sah, dann ist er auch schon mal bei 35 Grad im Schatten in voller Motorradkluft stehen geblieben, um mir kurz Bescheid zu geben, dass es ihm gut geht.

Mit der Zeit lernte ich immer besser, mit dieser Situation umzugehen. Für die restlichen Monate der Fernbeziehung auf Zeit haben wir uns wie gesagt an diese Regel gehalten. Und dieses Gefühl der Sicherheit ist wahnsinnig wichtig, wenn man so wie wir damals seine Beziehung auf zwei Kontinenten oder generell über große Distanz lebt. Das hat weniger mit Kontrolle zu tun als vielmehr mit Teilhaben am Leben des anderen und der damit verbundenen Nähe, die ja in einer Fernbeziehung nicht täglich gegeben ist.

TIPP:
Sprechen Sie sich ab, wann Sie gegenseitig zu erreichen sind.

Die Erkenntnis, wieder allein zu sein

In Amerika war Thanksgiving, und Eckhard hatte sich ein paar Tage Urlaub genommen, um nach sechs Wochen endlich wieder bei uns zu sein. Auch dieses Mal war das definitiv eine viel zu lange Zeit gewesen. Alles, was über einen Monat des Getrenntseins hinausging, war wie gesagt für uns nur schwer auszuhalten. Diese Ewigkeit ohne Körperkontakt war eine harte Prüfung. Aber dafür war das Glück, sich endlich wiederzusehen, den anderen zu spüren, umso größer.

Auch diese Tage gingen natürlich viel zu schnell herum. In einem Teil der Zeit wurde eine Liste mit Erledigungen, die sich um Haus, Garten, Auto, Heizung, Computer oder Finanzen drehten, von Eckhard erledigt. Den Rest der Woche genossen wir so alltägliche Dinge wie, dass wir alle vier gemeinsam am Tisch saßen, um zu essen oder uns zu unterhalten, oder dass wir etwas unternahmen, soweit das überhaupt möglich war. Denn so wie Eckhard arbeiten musste, wenn wir ihn besuchten, hatten die Kinder Schule mit all ihren Verpflichtungen und ich ging arbeiten, wenn Eckhard uns besuchte. Dies war, um viel Zeit miteinander zu verbringen, nicht ganz einfach zu organisieren und eine Hürde für uns alle.

Wir versuchten, jede unverplante Minute zusammen zu sein. Dadurch wurde die gemeinsame Zeit wesentlich intensiver, bestimmt auch wegen des nahenden Abschieds. Wir beschränkten uns bei diesen kurzen Wiedersehen nur auf die nötigsten Termine und fanden dadurch viele schöne Stunden, in denen wir das taten, was uns Spaß machte. Mal als Paar, mal als Familie und mal nur Eckhard allein mit den Kindern. Für unsere Freunde hatten wir oft nur wenig Zeit. Glücklicherweise mussten wir das gar nicht großartig erklären, denn wir trafen überwiegend auf Verständnis. Gemeinsam mit diesen Menschen konnten wir die Hürde der knappen Freizeit nehmen. Die Fähigkeit, sich in unsere Situation hineinzuversetzen, machte und macht für uns echte Freundschaft aus. Wieder war es an der Zeit, sich vor einer längeren Trennung zu verabschieden. Die Kinder wollten diesmal gar nicht erst mit zum Flughafen. Und auch mir fiel es jedes Mal schwerer, wenn Eckhard Deutschland wieder verließ. Ich erinnerte mich, wie mir der Abschied in den USA leichter gefallen war. Vielleicht weil mir, wenn wir uns in Deutschland trennten, schlagartig klar wurde, dass ich ab jetzt wieder allein war, und wir noch einen langen Weg gehen mussten. Eckhard verschwand also durch den Sicherheitsbereich, um seine lange Reise anzutreten, und ich blieb mit einem kleinen Stich im Herzen zurück. Der Abstand bis zu unserem nächsten Wiedersehen würde nicht so lang sein, denn bereits in gut einem Monat waren die Kinder und ich wieder dran, Eckhard in den USA zu besuchen.

Mit meiner Arbeit, den Verpflichtungen der Kinder in der Schule und meinem hochfiebrigen Sohn sechs Tage vor dem Abflug war es stressiger denn je. „Vielleicht", dachte ich damals, „wird es jetzt auch einfach nur von Mal zu Mal anstrengender, weil meine Kraftreserven langsam aufgebraucht sind." Erholung würde ich in den Ferien, die wir bei Eckhard in Amerika verbringen wollten, bekommen, dessen war ich mir sicher. Denn wir würden bei meinem Mann Weihnachten und Silvester feiern. Und bis dahin würde uns der Alltag von der Einsamkeit ablenken.

Solch eine Entscheidung, wie wir sie mit Amerika getroffen hatten, steckt voller Überraschungen, von denen man vorher nicht die leiseste Ahnung hat. Gefühle wie Frust, Freude, Ärger, Angst, Wut und Glück: Dies alles machte es aufregend, aber auch anstrengend zugleich. Ganz klar stand ich weiterhin dazu, dass ich nicht mit nach Amerika gegangen war, mit allen Konsequenzen. Mein Geist und mein Körper mussten sieben Tage die Woche alles geben, und manchmal noch ein bisschen mehr. Dennoch war ich bereit, dies zu tun, weil ich wusste, dass es für eine begrenzte Zeit war. Und weil ich spürte, dass es gleichermaßen Herausforderungen und Chancen für unsere Partnerschaft in der Fernbeziehung gab.

Als ich vom Flughafen nach Hause fuhr, plante ich Zeit für mich, die Kinder und unsere Freunde ein.

TIPP:
Gegen das Gefühl der Einsamkeit helfen der Alltag und die eigene Arbeit.

„Yes, we can"

Glücklicherweise hatte sich Hendrik dank Antibiotika noch vor dem Flug so weit erholt, dass wir unsere zweite Reise in die USA starten konnten. Nachdem ich unseren Hund zur Betreuung gebracht, den letzten Englischkurs gegeben und alle Koffer gepackt hatte, machten wir drei uns auf den Weg nach Frankfurt. Die Kinder waren wieder sehr aufgeregt, als wir abends unser Gepäck aufgaben. Ich fühlte mich hingegen auf dem Flughafen gleich vertraut, galt er mir doch viele Jahre als Basis für meine Arbeit als Flugbegleiterin. Wir verbrachten die Nacht in einem Hotel und stiegen am nächsten Morgen gut gelaunt ins Flugzeug. Wir hatten wieder nette Mitreisende getroffen, ein älteres Paar, das seit vielen Jahren seinen in Las Vegas lebenden Sohn besuchte. Sie gaben uns einen positiven Vorgeschmack auf die Stadt. Die Kinder verbrachten die Zeit mit Essen und Filmeschauen, und ich habe es auf diesem Flug tatsächlich geschafft, ein Buch komplett durchzulesen. Ein herrliches Gefühl.

Kurz vor der Landung in Las Vegas gingen mir ein paar Fragen durch den Kopf: Wie würden diese Wochen gemeinsam als Familie werden? Wie würden die Kinder Weihnachten und Silvester erleben? Würden wir viele Stunden als Paar verbringen können? Und wird die gemeinsame Zeit reichen, um alle Bedürfnisse zu befriedigen? Während ich mir diese Gedanken machte, verging die restliche Flugzeit rasch. Und so war ich froh und dankbar, wieder einmal gut gelandet zu sein.

In Las Vegas herrschte eisige Kälte, denn es hatte gerade den Tag zuvor Schnee gegeben, was laut Ortskundigen seit fast dreißig Jahren nicht mehr vorgekommen war. Nachdem wir uns im Hotel frisch gemacht hatten, ging es in die nächste Burgerbude. Später lag ich allein in meinem Doppelbett, während die Kinder schon zufrieden schliefen. Leise telefonierte ich mit Eckhard, der noch in Arizona war und sich erst am nächsten Tag zu uns auf den Weg nach Nevada machen konnte. Jetzt lag nur noch eine Zeitzone zwischen uns. Der Jetlag und die anstrengenden Wochen vor unserer Reise ließen mich nach einem kurzen Anflug von Traurigkeit friedlich einschlafen.

Ich lernte immer wieder aufs Neue, mich mit dieser Lebenssituation zu arrangieren. Manchmal fiel es mir leichter, manchmal deutlich schwerer. Aber man wächst auch daran. Noch vor einiger Zeit wäre es für mich undenkbar gewesen, so eine lange Reise allein mit den Kindern zu bewältigen, aber ich hatte ja keine Wahl. Ich merkte mit jeder kleinen Erfahrung, dass ich mir wieder mehr zutraute, auf mich und meine Kraft bauen konnte. All die kleinen Widrigkeiten während dieser Zeit als alleinerziehende Mutter ließen mich wachsen, reifen und stärker werden. Mir wurde von Tag zu Tag, von Woche zu Woche und von Monat zu Monat bewusster, wie stark ich doch sein kann, wie viel Kraft ich habe, wie vieles ich allein lösen konnte und kann. Diese Möglichkeit zu leben, mir mal wieder dieser Kraft bewusst zu sein, gab mir ganz viel Mut und Zuversicht.

Am nächsten Morgen zogen die Kinder und ich zu Fuß los und sahen uns schon mal die ersten Hotels in dieser schillernden Stadt an. Gegen Abend traf auch Eckhard endlich in Las Vegas ein. Er hatte uns erst nicht so schnell gefunden, denn unser Hotel war mit drei Blöcken, diversen Aufzügen und über tausend Zimmern nicht sehr übersichtlich. Dann stand er aber überglücklich vor unserer Tür, und wir waren endlich wieder als Familie zusammen. Es erfreute mich jedes Mal, wie das Gefühl des Vermissens in dem Moment, wo wir einander trafen, verblasste. In dieser Sekunde zählte nur das Wiedersehen mit all den Glücksgefühlen. Jeder Kummer, jede Angst, die Wut oder auch der Frust verschwanden sofort und wurden gegen Liebe und Glück getauscht. In dieser Nacht schlief ich nicht allein im Doppelbett. So war es, und es fühlte sich toll an.

Ausgeruht und sehr zufrieden starteten wir am nächsten Morgen gemeinsam mit den Kindern, um uns viele unterschiedliche Hotels anzusehen. „Venetian" und „Paris" ließen uns europäisch fühlen, im „New York" fühlte man sich wie auf der Fifth Avenue, das „Luxor" und die „Pyramide" führten uns in die Welt von Ägypten. Las Vegas ist ganz außergewöhnlich, was die Illusionen und die Vielfältigkeit betrifft, deshalb schauten wir uns auch zwei Shows an. Eine von und mit David Copperfield und eine Vorstellung des „Cirque du Soleil", in der wir für eineinhalb Stunden verzaubert wurden. Nach drei Tagen verließen wir mit wunderbaren Eindrücken Las Vegas und hatten nicht einen Dollar verspielt, da wir vor lauter Staunen nicht dazu gekommen waren. Aber vielleicht klappt das ja ein anderes Mal, mit den Kindern durften wir sowieso nicht an die Spieltische und -automaten. Wir machten uns mit einem voll bepackten Auto auf den Weg nach Arizona. Das dauerte etwa fünf Stunden. Kollegen meines Mannes hatten ihm nahe gelegt, etwas zu essen, auf jeden Fall aber immer etwas zu trinken dabei zu haben. Auf dieser Strecke ist man bei einer Panne erst einmal längere Zeit auf sich allein gestellt.

Die Reisezeit verging diesmal schnell, auch weil wir wussten, was uns erwartete. Es war ein schönes Gefühl, „nach Hause" zu fahren in einem fremden Land. Mein Mann hatte einen echten Weihnachtsbaum besorgt, der schon im Wohnzimmer stand, als wir ankamen. War es in Las Vegas schon winterlich, herrschten in Arizona frühsommerliche Temperaturen. Da kam nur schwer so etwas wie weihnachtliche Stimmung auf. Eckhard musste noch für ein paar Tage arbeiten, die Kinder und ich relaxten viel, gingen shoppen oder schwimmen und schmückten unseren Baum.

Wir besorgten vier Strümpfe für den Kamin, weil wir Weihnachten wie die Amerikaner feiern wollten. Und so waren wir tatsächlich am Heiligen Abend noch lange in den Geschäften bummeln wie Hunderte von Einheimischen und ließen den Tag auf dem Sofa liegend ausklingen. Erst am ersten Weihnachtsfeiertag schauten wir im Schlafanzug (das hatte irgendwie was von Nikolaus) in unsere gefüllten Strümpfe.

Unsere Kinder hatten in dem Jahr zweimal Bescherung, da sie bereits am dritten Advent ihre Geschenke in Deutschland auspacken durften, sonst hätte ich zu viel Gepäck dabeigehabt. Für mich war das schon ein komisches Gefühl. An diesem Nachmittag im Advent fehlten mir einfach ganz viele Dinge, wie der Baum, die Kirche, das gemütliche Essen, die festliche Stimmung und auf alle Fälle Eckhard. Die Kinder sahen es geteilt. Sie fanden es cool, dadurch früher an ihre Geschenke zu gelangen, aber später gaben sie doch zu, dass es irgendwie auch komisch war so ohne Tanne, Lichter und Papa. Gut, dass sie schon ein gewisses Alter haben und man alles mit ihnen besprechen kann. Das wird mit Sicherheit einmalig in unserer Familiengeschichte bleiben, Geschenke vor dem Heiligen Abend auszupacken. Wir haben das aus rein praktischen Gründen gemacht, aber keiner hatte daran richtig Gefallen gefunden, und umso mehr freuten wir uns auf das nächste Weihnachtsfest. Außergewöhnliche Lebensumstände erfordern manchmal auch ungewöhnliche Rituale.

Im Supermarkt in Arizona unterhielt ich mich mit einer Kassiererin darüber, dass in Deutschland alle Geschäfte an Feiertagen und Sonntagen geschlossen haben. Sie sagte nur: „Oh, that's cool." Sie erzählte, dass in Arizona alle Geschäfte jeden Tag im Jahr geöffnet haben. Nur am 25. Dezember bleiben die Läden geschlossen, außer Starbucks. Selbst an diesem Tag bekommt man einen „Caffè Latte Grande with Caramel", wenn einem danach ist. Und obwohl die Amerikaner viel weniger Urlaub haben als wir hier in Deutschland, sind alle nett und motiviert. In keinem Geschäft oder Restaurant sind wir auf unfreundliches Personal gestoßen, im Gegenteil, alle gaben einem das Gefühl, willkommen zu sein.

Ein anderes Erlebnis mit einer Verkäuferin in einem Outlet ließ mich allerdings schmunzeln. Wenn Sie mit Amerikanern ins Gespräch kommen und diese hören, dass Sie aus Deutschland sind, dann waren sie entweder selbst schon mal in Deutschland oder kennen jemanden, der gerade in Deutschland lebt, oder wollen auf alle Fälle selbst mal dorthin. Wenn ich gefragt wurde, woher wir kommen, und ich „Cologne" antwortete, sahen mich die meisten fragend an. Heidelberg, Karlsruhe, Kaiserslautern oder München wurden seitdem meine Favoriten. „Munich" kennt eigentlich fast jeder Amerikaner, und deshalb nahm ich mir vor, auf die Frage, woher ich komme, immer „München" zu antworten. Unser Land ist so winzig im Gegensatz zu Amerika, dass es ausreicht, eine Stadt zu benennen. Diese Entscheidung habe ich nach folgender Geschichte mit besagter Verkäuferin getroffen: Wir unterhielten uns über Weihnachten. Sie fragte mich, wie mein Fest gewesen sei, und ich fragte höflich zurück. Sie gab mir zur Antwort: „Mein Fest war riesig, ich hatte alle meine Verwandten aus Deutschland da." Daraufhin erkundigte ich mich, woher die Verwandtschaft aus Deutschland denn stamme, da ich selbst Deutsche sei. Ihre Antwort kam etwas zögerlich: „From Switzerland." Ich musste mir ein Grinsen verkneifen und erklärte ihr, dass in der Schweiz zwar auch deutsch gesprochen werde, es aber durchaus zwei eigenständige Länder seien. Auf meine Frage, ob sie denn auch ein paar deutsche Wörter kenne, antwortete sie: „Yes, something like 'good morning' and 'how are you'." Jetzt war es an der Zeit, mein Wechselgeld einzustecken und ihr noch einen schönen Tag zu wünschen.

    Diese kleinen und großen, lustigen und traurigen, spannenden und alltäglichen Erlebnisse brachten mich damals auf die Idee, dieses Buch zu schreiben.

    Die Tage bis Silvester verbrachten wir mit Kino, dem Ballett „The Nutcracker" in der Oper von Phoenix, wandern oder beim Barbecue im Garten. Der Jahreswechsel selbst war eher unspektakulär, weil es in Arizona so etwas wie Feuerwerk für draußen nicht gibt und wir ja auch für uns allein waren. So verbrachten wir den gemeinsamen Abend im Kino, kochten und verfolgten die in New York stattfindende „New Year's Eve Party" am Fernsehgerät. In der Zeitzone Arizona gehörten wir mit zu den Letzten, die das neue Jahr begrüßen durften. Ich wünschte mir für die kommenden zehn Monate, dass sie schnell vorübergingen. Dass wir alle gesund bleiben und mit neuen Ideen und neuer Kraft zufrieden in die nächste Runde gehen würden.

Nach Silvester verbrachten wir vor unserem Rückflug noch ein Wochenende in der schillernden Stadt Las Vegas. Als der Abschied am Flughafen wieder auf uns zukam, machte sich bei unserer Familie ein Anflug von Trauer breit. Wir versuchten, auch der Kinder wegen, nie Abschiedstränen oder großen Trennungsschmerz aufkommen zu lassen, denn das hätte die Sache nicht gerade einfacher gemacht. Lieber drückten wir uns jedes Mal innig, küssten uns und winkten mit der Gewissheit, dass wir uns in einigen Wochen schon wiedersehen würden. Traurig war aber dennoch jeder auf seine Weise. Eckhard, weil er wieder ganz allein war für die nächste Zeit. Die Kinder und ich, weil wir ihn in Deutschland auf alle Fälle vermissen würden. Und wir lernten alle während der Fernbeziehung auf Zeit, dass die Traurigkeit über das Vermissen genauso dazugehörte wie die Freude über das Wiedersehen. Das eine löste das andere in sich immer wiederholenden Abläufen ab. Hendrik und Carla vollzogen durch diese Erfahrungen einen riesigen Lernprozess. Sie setzten das ganz unbewusst in ihrem Alltag, in der Schule und im Umgang mit Freunden um. Mit Enttäuschungen lernten sie besser umzugehen, und ihre Erwartungen wurden kleiner. Auch konnten sie leichter verzichten durch unsere außergewöhnlichen Lebensumstände. Das zu beobachten machte mich stolz.

Auf dem Rückflug hockten wir über zehn Stunden wie die Ölsardinen aufeinander. Man musste förmlich in den Sitz springen, um dort „Platz" zu nehmen. Wenn dann auch noch der Vordermann während des ganzen Fluges seine Rückenlehne waagerecht stellt, fragt man sich ernsthaft, warum man sich das antut. Von entspannter Reise konnte keine Rede sein, zumal sich unser Abflug um mehrere Stunden verspätet hatte. Als wir dann endlich in Frankfurt landeten und aus der Sardinenbüchse herausdurften, ging es weiter zum Kofferband. Die Koffer der Kinder waren mit bei den ersten, und ich hatte uns schon schnell aus der Halle laufen sehen, um endlich frische Luft atmen zu dürfen. Leider kam mein Koffer aber als einer der letzten heraus. Wie ich zu Hause feststellte, hatte die TSA (Transportation Security Administration) in Las Vegas meinen Koffer geöffnet und durchsucht, weil sie etwas nicht identifizieren konnte. Das Gefühl, dass fremde Menschen in meiner Wäsche herumgewühlt hatten, kannte ich bis dahin noch nicht, und es war mir äußerst unangenehm. Zumindest war noch Ordnung im Koffer, und alles war da. Ich beruhigte mich damit, dass es wichtig und richtig ist für unsere Sicherheit beim Fliegen, wenn die Damen und Herren der TSA ihrer Arbeit sorgfältig nachgehen, damit wir „safe" durch die Welt reisen können.

Wahrscheinlich lag es auch an mir, dass ich von Reise zu Reise ungnädiger wurde, weil für mich dieser Urlaub sowieso nicht die besten Voraussetzungen hatte. Denn eigentlich hatte ich nur ungern Weihnachten in den USA verbringen wollen. Mein Kopf und mein Bauch waren zu diesem Thema sehr im Konflikt. Der Kopf rief: „Na klar fliegst du in die Staaten, da lebt der Vater deiner Kinder, der hat nur wenige Urlaubstage, und deshalb feierst du dieses Jahr mal ein schönes, kitschiges Weihnachtsfest in Arizona." Mein Bauch wollte aber etwas ganz anderes. Mein Bauch wollte sich erstmal von den anstrengenden Wochen vor der Reise erholen, gemütlich seine Weihnachtsrituale zelebrieren und mit Freunden das alte Jahr ausklingen lassen und das neue begrüßen.

Die Entscheidung, nicht mit meinem Mann nach Amerika zu gehen, habe ich zu keinem Zeitpunkt angezweifelt, denn mein Leben mit all meinen sozialen Kontakten, meiner Arbeit, meinen Kindern fand und findet hier statt. Hier in unserem kleinen rheinischen Städtchen. Eine Fernbeziehung auf Zeit, mit zwei Haushalten, zwei Jobs und zwei individuellen Leben für fünfzehn Monate gab uns eine neue Orientierung als Paar und auch als Familie. Fest verankerte Rituale und vielleicht auch Barrieren wurden geknackt und positive Erfahrungen als Teil einer neuen Lebensweise etabliert.

Wir hatten nach unserem Weihnachtsbesuch in Amerika schon ein großes Stück des Weges hinter uns gelassen und dabei viel Neues erlebt und kennengelernt. Die Kinder konnten ihre Englischkenntnisse vertiefen. Eckhard konnte sich in diesen Monaten voll und ganz auf seine Arbeit konzentrieren. Er verbrachte gerade während dieser Phase mit seinem Hobby Motorrad viele Stunden, ohne ein schlechtes Gewissen haben zu müssen, dass wir auf ihn warteten, um etwas gemeinsam zu unternehmen. Ich genoss die Zeit ohne meinen Mann und freute mich ungemein, wenn wir dann wieder im Wechsel einige Tage zusammen sein konnten. In den wenigen Stunden, die wir dann gemeinsam hatten, bemühte sich einfach jeder wieder, für den anderen attraktiv zu sein. Wir gingen liebevoll miteinander um und schauten, dass es dem anderen gut ging. Streitereien kamen auch vor, hatten aber längst nicht so ein Gewicht, wie es oft im Alltag der Nahbeziehung der Fall war und ist.

Das Abschiednehmen und die vielen Wochen des Getrenntseins waren die schwersten Brocken, die es zu bewältigen galt während dieser Lebensphase, in der unsere Tag- und Nachtzeiten völlig gegensätzlich waren. Mit jeder weiteren Trennung fiel es uns schwerer, aufeinander verzichten zu müssen. Aber die Gewissheit, dass wir da gemeinsam einen großen Schritt gingen, der uns auch reifen ließ, wuchs in uns. Ich hatte eine bis dahin nie da gewesene Gelassenheit an mir entdeckt, über die ich mich freute, weil ich sie immer angestrebt hatte. Auch traute ich mir plötzlich Dinge zu, wie zum Beispiel den technischen Kram, die ich vorher, ohne es überhaupt allein ausprobiert zu haben, lieber an meinen Mann abgab. Ich lockerte die schützende Käseglocke über meinen Kindern, ohne jedes Mal Angst oder ein schlechtes Gewissen dabei zu haben. Ich merkte, wie mein Mann sich immer klarer darüber wurde, welchen Preis er dafür bezahlte, allein in Amerika zu leben. Die Freiheit auf der einen Seite konnte die Einsamkeit auf der anderen Seite, die er sich so vorher gar nicht vorstellen konnte, nicht aufwiegen.

All diese Dinge, die im Zusammenhang mit Amerika passierten, kann uns keiner nehmen. Wir sind daran gewachsen, wir werden sie in Erinnerung behalten, sie begleiten uns auf Eckhards und meinem Lebensweg. Ich war mir sicher, dass wir diese Reifungsprozesse mit in unseren Alltag einfließen lassen würden, wenn wir wieder als Familie zusammen in Deutschland lebten. Erfahrungen, seien es positive oder negative, begleiten unseren Weg. Daraus Erkenntnisse zu ziehen und diese dann auch umzusetzen sind für mich Reifungsprozesse. Vielleicht muss man mal holprige Wege gehen, um sich wieder ganz zu spüren. Heraustreten aus der Komfortzone, aus den ewig gleichen Pfaden, die man sicherheitshalber immer wieder einschlägt. Ich jedenfalls finde, es ist ein herrliches Gefühl, den Zauberstab für mein Leben in der Hand zu halten, um dann so zu leben, zu lieben und zu genießen, wie es mir gefällt.

TIPP:
Dieser außergewöhnliche Lebensumstand rüttelt etwas in Ihnen wach. Seien Sie neugierig darauf.

Es ist Zeit für ein paar Fragen

Sechs Monate lagen hinter uns, seit Eckhard allein nach Amerika gegangen war. Ich war neugierig auf eine emotionale Zwischenbilanz. Ich wollte herausfinden, wie bis dahin jeder Einzelne die veränderte Situation erlebt und wie er sich gefühlt hatte, ob es Unterschiede geben würde oder mehr Übereinstimmungen. Dazu befragte ich erst die Kinder unabhängig voneinander und bat meinen Mann, mir seine Antworten per E-Mail zu schicken. Ich selbst fing an und konnte schnell die von mir aufgelisteten Satzanfänge (Ich bin wütend, glücklich, traurig, ich liebe und so weiter) vervollständigen. Spannendes und auch Erwartetes kam dabei heraus:

Katja
Ich bin wütend, *weil ich Weihnachten nicht zu Hause feiern konnte.*
Ich habe Angst *davor, krank zu werden und dann mein Leben hier nicht mehr aufrechterhalten, meine Kinder nicht mehr versorgen zu können.*
Ich bin stolz *auf das, was ich bis hierher geleistet habe.*
Ich bin glücklich *über meine Kinder, die alles so unkompliziert mitmachen.*
Ich bin traurig *über jedes Abschiednehmen.*
Ich bin froh *über jedes Wiedersehen.*
Ich bin zufrieden *mit dem, was wir gemeinsam bisher erreicht haben.*
Ich mag *die Sonne, den blauen Himmel und die Erholung in den USA.*
Ich mag es nicht, *zwölf Stunden im Flugzeug zu sitzen.*
Ich vermisse *erwachsene Gespräche.*
Ich hasse es, *so lange getrennt zu sein.*
Ich liebe *Eckhard.*

Eckhard

Ich bin wütend, *dass ich nur zwanzig Tage Urlaub bekomme und so das Wichtigste, meine Familie zu sehen, extrem schwierig wird.*
Ich habe Angst, *dass die Beziehung zu Katja leidet.*
Ich bin stolz *auf Katja und die Kinder, wie gut sie alles zu Hause meistern.*
Ich bin glücklich, *wenn wir zusammen sind, und wenn wir nicht zusammen sind, dass ich hier meine Interessen (Motorrad, Natur, etc.) verfolgen kann.*
Ich bin traurig, *ständig Abschied nehmen zu müssen.*
Ich bin froh, *wenn ich Katja und die Kinder wiedersehen kann.*
Ich bin zufrieden, *wenn der ganze Auslandsaufenthalt sich irgendwie positiv auf unser zukünftiges Leben auswirkt.*
Ich mag *die Sonne, die Landschaft, meine BMW, die Shopping-Zentren.*
Ich mag *mich* nicht *mit Katja streiten.*
Ich vermisse *Katja, Hendrik, Carla, Tara und alle unsere Freunde.*
Ich hasse *mich manchmal für meine Trägheit.*
Ich liebe *Katja.*

Hendrik

Ich bin wütend, *wenn Papa mich nervt, dass wir ständig irgendwo hinsollen.*
Ich habe Angst, *dass Papa vielleicht in Amerika verletzt wird.*
Ich bin stolz, *dass mein Papa in Amerika arbeiten darf.*
Ich bin traurig, *dass er nicht so oft nach Deutschland kommt.*
Ich bin froh, *wenn Papa zurückkommt.*
Ich bin glücklich, *dass wir den Camelback Mountain bestiegen haben.*
Ich bin zufrieden, *wenn ich mal einen Tag zu Hause abhängen darf.*
Ich mag *meinen Papa.*
Ich mag nicht *das lange Sitzen im Flugzeug nach Amerika.*

Ich vermisse *Papa teilweise.*
Ich hasse *nichts.*
Ich liebe *Deutschland.*

Carla
Ich bin wütend, *dass wir in Arizona kein Feuerwerk machen durften.*
Ich habe Angst, *dass Papa oder uns etwas passiert.*
Ich bin stolz, *weil jetzt schon fast die Hälfte hinter uns liegt.*
Ich bin traurig, *wenn Papa wieder wegfliegt oder wir von Papa wegfliegen.*
Ich bin froh, *wenn ich ihn wiedersehe.*
Ich bin glücklich, *weil ich Amerika kennengelernt habe.*
Ich bin zufrieden, *dass meine Eltern noch zusammen sind.*
Ich mag *meinen Papa.*
Ich mag nicht *ein schlechtes Gefühl im Bauch, wenn Papa weg ist.*
Ich vermisse *meinen Papa manchmal.*
Ich hasse *die Krabbeltiere in Arizona.*
Ich liebe *die Filme während des Fluges.*

Ich fand es interessant, dass es durchaus, obwohl ich alle unabhängig voneinander befragt hatte, Übereinstimmungen verschiedener Empfindungen gab. Wir fühlten alle doch überwiegend ähnlich: Wir jammerten nicht immer darüber (Kopf), aber in manchen Bereichen waren wir nicht so ganz glücklich (Bauch) über unsere Fernbeziehung auf Zeit. Da waren wir wieder bei Bauch und Kopf.

Bei einer durchschnittlichen Lebenserwartung von etwa achtzig Jahren sind fünfzehn Monate wirklich nur ein kleiner, überschaubarer, machbarer Zeitraum. Das sagte uns jeden Tag unser Kopf. Aber es gab ja noch das Bauchgefühl. Und wie meine Tochter Carla so schön sagte, mochte sie nicht das schlechte Gefühl, wenn Papa weg war. Ich versuchte durch die Erfahrungen, jeden Tag genauso auf meinen Bauch zu hören, wie auch meinem Kopf zu vertrauen. Nicht immer gelang es mir gleich stark, aber darüber nachzudenken hat mich bereits vor manchem Bauchweh geschützt. Der Kopf half und hilft mir, den Alltag zu managen. Der Bauch aber machte mir etwas anderes deutlich, nämlich wie sehr ich meinen Mann vermisste, und dass es mir gut tat und tut, ihn an meiner Seite zu wissen, um gemeinsam die vielen Aufgaben des Lebens zu meistern, uns den schönen, traurigen und aufregenden Momenten zu stellen. Es war unsere selbst getroffene Entscheidung, und wir bewältigten diese Zeit so gut wie möglich.

Ich freue mich, wenn ich aus den Erfahrungen meines Lebenswegs die positiven Energien ziehe und nutze. Und ich wünsche jedem Menschen, dies tun zu können, weil es meiner Meinung nach eine echte Bereicherung ist, wenn wir uns auf das Gute in unserem Leben fokussieren. Ich denke, die Schwierigkeiten, die im Leben immer mal wieder auftauchen, lassen sich mit lösungsorientiertem Denken und Handeln viel leichter bewältigen. Für Eckhard zeigte sich das, indem er endlich wieder Motorrad fuhr und entdeckte, Spaß daran zu haben, die Natur zu genießen und für eine begrenzte Zeit eben auch als Single zu leben. Für mich war es die Chance, dieses Buch zu schreiben und dabei einen völlig neuen, spannenden Bereich zu entdecken. Für die Kinder waren es die großen und kleinen Schritte in die Selbstständigkeit, das langsame Lösen von den Eltern, und die Entdeckung eines kleinen Teils dieses großen Kontinents Amerika. Wir konnten alle daran wachsen.

Selbst mit über vierzig Jahren merkte ich in dieser neuen Lebenssituation, wie ich durch die täglich gestellten Aufgaben reifte. Die erste Zeit ärgerte ich mich oft und war sauer, weil ich noch nicht wusste, wie ich alles aushalten sollte. Inzwischen sah ich die Dinge viel entspannter. Vielleicht lag es auch daran, dass der Mensch ein Gewohnheitstier ist und sich vermutlich nach einer gewissen Routine an so ziemlich jeden neuen Zustand gewöhnen kann. Es gelang mir jedenfalls viel besser, den Dingen, die nervten und lästig waren, weniger Aufmerksamkeit zu schenken und mich mehr auf die positiven Dinge zu konzentrieren.

Mit lieben Menschen durchs Leben zu gehen ist mir sehr wichtig. Ich habe die Gewissheit, dass ich Menschen kenne, auf die ich mich zu hundert Prozent verlassen kann. Für den anderen da zu sein ohne viele Worte, zu verstehen, wann Anteilnahme, Hilfe oder Interesse gebraucht werden, Verständnis zu zeigen, auch wenn der eigene Weg ein ganz anderer ist, gemeinsam zu lachen oder traurig zu sein, so viel zu geben, wie nötig ist, ohne irgendeine Gegenleistung zu erwarten. Dies alles sind für mich wesentliche Punkte für eine wunderbare Freundschaft mit Menschen, die mich schon mein ganzes Leben oder auch erst kurz begleiten. Durch die unterschiedlichen Verbindungen, die wir miteinander haben, trägt jeder einen großen Teil dazu bei, dass es mir immer wieder gut geht und gerade auch während der Fernbeziehung gut ging und ich dem Ende entspannter entgegensehen konnte. Vielleicht hilft es Ihnen, wenn ich Ihnen folgende Fragen aufschreibe, damit Sie schauen können, wo genau in Ihrem Umfeld Sie auf solche Menschen treffen:

- Welche Verwandten/Freunde könnten mich mit Rat und Tat unterstützen?
- Wer würde mir eine Hilfe in außergewöhnlichen Situationen sein?
- Gibt es Menschen in meinem direkten Umfeld, die mir eher Sorgen/Probleme bereiten würden?

Sie werden erstaunt sein, zu welchen Ergebnissen Sie gelangen, wenn Sie ganz ehrlich auf diese Fragen antworten. Ich jedenfalls baute damals wie heute ganz stark auf Liebe und Freundschaft gepaart mit Glück und Gesundheit. Die ersten beiden Empfindungen kann ich ganz gut selbst lenken, bei den letzten beiden hoffe ich immer darauf, dass mir jemand aus dem Universum hilft.

TIPP:
Erstellen Sie einen Fragebogen über den Gemütszustand aller Familienmitglieder, und Sie werden erstaunliche Zusammenhänge erkennen.

Fernbeziehung als Schreckgespenst?

Für jede Art der Beziehung sollte man sich anstrengen, sich dafür jeden Tag Mühe geben. Ich möchte es gerne mit einem guten Essen vergleichen. Für gutes Essen nehme ich doch auch nur die besten Zutaten. Warum nicht auch bei meiner gut funktionierenden Beziehung, egal ob als Nah- oder Fernbeziehung. Meine Zutaten sind Vertrauen, Kommunikationsbereitschaft, Respekt, Selbstbewusstsein, Ehrlichkeit, gemeinsame Ziele und Perspektiven, Mut und zum Schluss eine große Portion Liebe. Vielleicht fallen Ihnen beim Lesen spontan ganz andere Zutaten ein. Dann stellen Sie Ihr eigenes Rezept her mit den Zutaten, die Ihnen am Herzen liegen und die Sie für wichtig für Ihre Liebe und (Nah-/Fern-)Beziehung halten.

Den Mut aufbringen, auch mal andere Wege zu gehen. Aufzeigen, dass man eine Fernbeziehung leben kann, wenn man ganz nah bei sich ist, sich selbst vertraut, an sich glaubt, alle seine Kräfte ausschöpft, sich immer wieder selbst motiviert. Dann kann eine Fernbeziehung auf Zeit genauso spannend sein, wenn nicht sogar teilweise spannender als eine Nahbeziehung. Die Fernbeziehung muss nicht zwangsläufig zum Schreckgespenst werden, nur weil man sich nicht jeden Tag sieht. Vielleicht ist ja gerade deshalb für den ein oder anderen die Nahbeziehung ein Schreckgespenst?

Auch durch die anhaltende weltweite Wirtschaftskrise, glaube ich, werden sich die Arbeitswelt und die damit verbundenen familiären Lebensumstände verändern. In den meisten Fällen einer Fernbeziehung waren die Partner bisher jünger, standen am Anfang ihrer Karrieren und hatten in der Regel noch keine Kinder. Ich denke, dass auch immer mehr der sogenannten Best Ager flexibler werden müssen, wenn sie ihrer Karriere und ihrem Lebensglück noch mal einen Anstoß geben wollen. Wir waren auch keine dreißig mehr, beruflich lief es gut, und wir hatten zudem noch zwei wundervolle Kinder mit eigenen Köpfen. Die Entscheidung für einen spannenden Auslandsaufenthalt fällt doch leichter, wenn man ungebunden und noch neugierig auf die Welt ist.

Wir waren nicht mehr ganz so ungebunden, aber immer noch aufgeschlossen und jung genug, um uns auf das Abenteuer Fernbeziehung einzulassen. Wir hatten eine gut funktionierende Nahbeziehung über viele Jahre mit all ihren Höhen und Tiefen gelebt, warum jetzt nicht mal eine Ehe führen, in der die Betten sehr weit voneinander getrennt stehen?

Wir taten das jetzt schon gut sieben Monate, und das Einzige, was man vielleicht als kleines Schreckgespenst bezeichnen konnte, war die versäumte Zeit, die zwischen unseren Treffen lag. Diese Zeit war weg, und jeder hatte sie für sich allein erlebt.

Es war nicht möglich, uns all das, was wir in den langen Trennungswochen erlebt, gefühlt, gedacht hatten, in den kurzen Zeiten des Wiedersehens zu erzählen. So konnte mein Mann an bestimmten Dingen, die mir viel bedeuteten, nicht teilhaben, und umgekehrt war es für mich genauso. Deshalb war das Telefon unser Hauptkommunikationsmittel. Wirklich wichtige Dinge, wie zum Beispiel Zeugnisnoten der Kinder, Hendriks als LAN-Party gefeierter Geburtstag, Carlas erste Ballettauftritte, Eckhards Ausflüge in die Natur von Arizona und seine erste Halloween-Party, erzählten wir uns sofort am Telefon. Wir haben uns dafür extra eine Flatrate für Gespräche in die Staaten einrichten lassen, damit wurde die Telefonrechnung nicht überstrapaziert.

Christine Koller zitiert Folgendes in ihrem Buch: „Durch Befragungen von Hochmobilen haben wir festgestellt, dass sich emotionale Nähe, Intimität und Geborgenheit auch über räumliche Distanz hinweg mit Hilfe moderner Kommunikationsmittel zufriedenstellend gewährleisten lässt." Und weiter dazu: „... beziffert der Braunschweiger Psychologieprofessor Kurt Hahlweg die verbale Kommunikationszeit eines verheirateten Paars auf sieben Minuten pro Tag. Das ist erschreckend wenig, ein Klacks jedoch für Distanz-Liebende. Für sie erhält Kommunikation einen neuen Stellenwert, sie schafft Nähe und Intimität und ist entscheidend, ihre Liebe während der gegenseitigen Abwesenheit aufrechtzuerhalten."

Wir schafften es eigentlich immer, uns über das Telefon direkt wieder ganz nah zu sein, trotz der großen Distanz und Zeitverschiebung. Uns waren inzwischen die gemeinsamen Gespräche am Telefon viel zu kostbar, um uns über Alltägliches oder Banales zu ärgern oder um unnötig zu diskutieren. Vielleicht würde es wieder schwerer werden, wenn Eckhard aus Amerika zurück sein würde. Ich war mir dennoch sicher, dass wir durch die Erfahrungen aus den Monaten, als mein Mann in den USA lebte, unsere zukünftige Beziehung und unser Familienleben schöner, entspannter, fröhlicher, gleichberechtigter, spannender, bunter und aufregender führen würden. Wenn es uns gelang, in der Fernbeziehung eine gut funktionierende Kommunikation zu entwickeln, dann sollte es uns auch gelingen, wenn wir alle wieder in einer Nahbeziehung leben würden.

Fernbeziehungen mit oder ohne verschiedene Zeitzonen, auf welchen Kontinenten auch immer, können gelebt werden und bleiben sicher ein Thema bei vielen Familien. Deshalb packen Sie es an. Setzen Sie sich als Familie zusammen. Wägen Sie gemeinsam und gleichberechtigt ab, wie Sie zu einer Lösung kommen, damit es allen damit gut geht. Sie werden viel Positives erfahren, belohnt werden für den kleinen Kummer, zusammenwachsen mit dem Bewusstsein, sich gemeinsam einer solchen Aufgabe gestellt zu haben. Lassen Sie sich ein auf das Abenteuer Fernbeziehung.

TIPPS:
Erstellen Sie sich ein Rezept für die gelingende Beziehung.
Rituale sind ganz wichtig, wie zum Beispiel tägliche Telefonate, E-Mails, Chats, Videotelefonate. Richten Sie sich eine Telefon-Flatrate ein.

Stippvisite

Nicht mehr lang, dann kam Eckhard uns für zehn Tage besuchen. Er hatte ein paar Termine in der Firma, Treffen mit Kollegen und Urlaub zu Hause geplant. Wir freuten uns, ihn bald wiederzusehen. Auch wenn dies nur für kurze Zeit sein würde, war es ein herrliches Gefühl zu wissen, gemeinsam eine weitere Etappe geschafft zu haben. Es lagen inzwischen zweihundert Tage hinter uns. Und ehrlich gesagt hatte ich das Gefühl, die ersten einhundert waren viel langsamer herumgegangen als die zweite Hälfte. Aber vielleicht lag es auch einfach nur daran, dass wir uns immer besser in dieser Lebenssituation zurechtfanden.

Wir, die Kinder und ich hier in Deutschland, waren inzwischen ein Spitzenteam. Carla und Hendrik sahen viel schneller, wenn es etwas zu tun gab oder ich kurz vor der Krise stand. Dann wurden sie immer zuckersüß und halfen, wo es ging. Der Hund wurde gefüttert, bespielt oder Gassi geführt. Ab und zu war der Abendbrotstisch bereits gedeckt, wenn ich von der Arbeit kam. Die Kinder räumten ihre Zimmer selbstständig auf, und einmal backten sie sonntags sogar einen Zitronenkuchen. Das wäre vielleicht so nie gekommen, wenn wir stattdessen weiter in unserem „Normalo-Alltag" gelebt hätten.

Die Tage bevor mein Mann zu uns nach Hause kam, war ich immer hin- und hergerissen in meiner Gefühlswelt. Auf der einen Seite freute ich mich natürlich riesig, dass wir wieder zusammen sein würden. Auf der anderen Seite mochte ich ihn aber auch mit niemandem teilen, was natürlich kaum möglich war. Da gab es ja noch unsere Kinder, die Kollegen, Familie und Freunde. Außerdem schwebte bei jedem Heimaturlaub, den mein Mann bei uns verbrachte, immer der Gedanke über mir, dass er nach wenigen Tagen wieder wegfliegen musste und wir noch lange nicht am Ende unserer Distanzliebe waren. Beim letzten Abschied hatte es mir richtig wehgetan, als Eckhard von uns weggegangen war. Dieses Gefühl war mir jetzt, so kurz bevor mein Mann wieder zu Besuch kommen sollte, sehr präsent. Die Tage vor jeder Abreise und der Abschied waren jedes Mal bitter. Musik hat mir in der Zeit meiner damals durcheinandergeratenen Gefühlswelt geholfen. Mein Mann hatte mir beim letzten Abschied eine neu erschienene Xavier-Naidoo-CD geschenkt. Auf dieser CD gibt es für alle Emotionen entsprechende Texte, Lieder, die genau das beschreiben, was ich in dieser Zeit fühlte. Die Musik gab mir Trost, wenn ich traurig war, Hoffnung, wenn ich mutlos, und Zuversicht, wenn ich ungeduldig wurde. Musik ist Nahrung für meine Seele, die dadurch gestärkt wird und wächst. Ich fütterte mich also täglich mit Songs von diesem Künstler und streichelte damit gleichzeitig immer wieder ausreichend meine Seele.

„Wunderbar beschrieben, genau das kommt auch meiner Gefühlswelt definitiv am nächsten", waren die Worte, die Eckhard mir schrieb, nachdem ich ihm verschiedene Textzeilen spätnachts per E-Mail geschickt hatte. Musik umhüllt mich, gibt mir Energie, motiviert und begleitet mich. Ein weiterer Freund, der mich stärkte, als mein Mann und ich eine selbst gewählte Fernbeziehung lebten.

TIPP:
Suchen Sie sich Musik, die Ihnen gut tut.

Eine ganz normale Woche

An diesem Abend landete die Maschine der British Airways pünktlich in Düsseldorf. Und auch ich war diesmal rechtzeitig da und hatte die Glastür zwischen Gepäckband und Ankunftshalle gut im Blick. Als Eckhard mich wieder in den Armen hielt, war das fast so wie frisch verliebt sein. Ich hatte mir gewünscht, die erste Stunde, die Eckhard diesmal wieder auf deutschem Boden war, allein mit ihm zu sein, deshalb blieben die Kinder zu Hause. Hendrik und Carla fanden das in Ordnung, und so hatte ich die Möglichkeit, meinem Mann im Schnelldurchlauf alles zu erzählen, was mir in den Sinn kam. Seit ich allein war, fehlte mir doch oft ein erwachsener Gesprächspartner. Auch wenn ich mich häufig mit Freundinnen traf, gab es Dinge, die ich nur Eckhard erzählen wollte. Als wir zu Hause ankamen, freuten sich alle sehr. Unser Hund Tara wunderte sich offenbar, wo ich Eckhard so plötzlich hergezaubert hatte.

Wir ließen den Abend gemütlich beim Essen ausklingen. Nachdem die Kinder in einer halben Stunde ihrem Vater die wichtigsten Dinge erzählt hatten, saßen wir zwei noch lange bei einem Glas Rotwein zusammen und genossen einfach unsere Zweisamkeit. Am nächsten Tag gammelten und wurschtelten wir so vor uns hin. Alle fanden es richtig klasse, den Sonntag wieder als vollzählige Familie zu verbringen. Dass beide Elternteile nun rund um die Uhr für sie da waren, empfand vor allem Carla als sehr schön. Dieser Zustand beflügelte sie zu einem wunderbaren Gedicht über die Familie, welches mein Mann und ich abends noch in der Küche fanden.

Eckhard ging einige Tage ins Büro, verbrachte einen Nachmittag mit den Kindern im Spaßbad und erledigte Aufgaben, die auf seiner Liste standen, auch dieses Mal pflichtbewusst. Die Kinder gingen zur Schule, trafen ihre Freunde, machten ihren Sport. Ich bereitete meine Englischkurse vor, unterrichtete und war für die Unterstützung durch Eckhard dankbar. Mit Freunden essen zu gehen oder auf dem Sofa zu relaxen war gelebter Alltag. Rückblickend betrachtet war diese Woche im Februar nach acht Monaten des Getrenntseins die unspektakulärste von allen gemeinsam verbrachten überhaupt. Wir lebten sie mit so viel Normalität wie keine Woche davor und danach. Das war auch gut so, denn dadurch konnte das Gefühlschaos mal etwas zur Ruhe kommen. Keine neuen Gefühle, und die bekannten brachen nicht so deutlich auf. Das war schön und machte den Urlaub so einzigartig.

Als es dann wieder hieß, Abschied zu nehmen, machten wir es wie immer, kurz, aber herzlich mit einer letzten innigen Umarmung und einem Kuss. Wir wollten uns nicht trennen, aber wir mussten. Das Gefühl im Bauch, als ich sah, wie mein Mann hinter dem Sicherheitsbereich verschwand und noch einmal sehnsüchtig winkte, ist unbeschreiblich. Vielleicht kann ich es mit einem fehlenden Stück eines Lebkuchenherzens vergleichen. Die kennen Sie sicher, solche mit so kitschigen Worten wie „Herzblatt", „I mog Di" oder „Bussi" drauf, die man zum Beispiel auf einer Kirmes kaufen kann. Jedes Mal glaubte ich, ein kleines Stück von meinem Herzen zu verlieren, wenn ich wieder allein zurückblieb. Andererseits, und daran glaubte ich immer fest, nahm mein Mann dieses fehlende Stück mit auf seine Reise, und es würde sicher seinen Platz bei mir wieder ausfüllen, wenn er zurückkehrte.

In meinem Bauch vermischten sich deshalb Sehnsucht und Traurigkeit, aber auch Stolz auf die Geduld und Vorfreude auf das nächste Wiedersehen. Und ein klitzekleines Gefühl von Freiheit als „verheirateter Single".

TIPP:
Genießen Sie die ganz normalen Wochen und vermeiden Sie schmerzvolle Abschiedsszenen.

Freiheit als „verheirateter Single"

Für die folgenden Wochen des Alleinseins nahm ich mir diesmal vor, nicht nur sehnsüchtig auf unser nächstes Wiedersehen zu warten, sondern meine Freiheiten auszuleben. Natürlich war das als alleinerziehende Mutter gar nicht so einfach. Aber ich plante kleine, neue Freiheiten trotz der familiären Gebundenheit. Wendl nennt als eine wichtige Bewältigungshilfe: „Mir selbst gut tun: Orientierungen für mich in der Fern-Beziehung", und schreibt: „Nur wer auf sich selbst achtet, sich immer wieder bewusst selbst pflegt, kann auch in die Partnerschaft investieren und gemeinsam wachsen. Nur wer sich auch selbst im gesunden Maß etwas gönnt, sich selbst in einem guten Sinne verwöhnt, wird auch geben können."

Mein Mann konnte während unserer Fernbeziehung seine Freizeit ganz für sich allein organisieren. Ich war anfangs auch neidisch darauf, dass er tun und lassen konnte, was er wollte. Er gab ehrlich zu, dass er das die letzten Monate auch sehr genossen hatte. Endlich mal alle Freiheiten, ohne Rücksicht auf mich und die Kinder, ausleben. Keine alltäglichen Verpflichtungen als Familienvater haben, sich einfach mal wieder ungebunden fühlen und, wenn ihm danach war, ein ganzes Wochenende bei herrlichem Wetter mit seinem Motorrad in der Natur verbringen. Aber der Reiz des Neuen ließ bei ihm nach einigen Monaten nach. Und doch konnte er diesen Hauch von Freiheit spüren. Ich war mir sicher, dass er davon noch lange zehren und gut gerüstet sein würde, wenn er wieder mit dem Trubel der Familie konfrontiert wäre.

Aber ich war auch dankbar für das Quäntchen Glück, das wir hatten. Denn was hätte ich gemacht, wenn Eckhard plötzlich so sehr angefangen hätte, seine Freiheit zu lieben, dass er noch einmal allein und ohne uns ein neues Leben hätte anfangen wollen? Wenn ein Paar entscheidet, aus beruflichen Gründen eine Weile getrennt zu leben, kann einer der beiden zu der

Erkenntnis kommen, dass ein Leben allein, ohne den anderen und die Familie, spannender, reizvoller ist. Unsere Beziehung war zu dem Zeitpunkt, als wir uns entschlossen hatten, diesen Schritt zu gehen, sehr stabil. Wir hatten schon so viel gemeinsam erlebt, was uns miteinander verband, und wir wussten beide, dass wir zusammen alt werden wollten. Wir hatten eine Gemeinschaft gebildet, in der sich jeder wohlfühlte und an der wir festhalten wollten. Ich denke, das ist sehr wichtig, wenn man sich dafür entscheidet, für eine längere Zeit getrennt zu leben.

Ich habe durch unsere bis dahin gemachten Erfahrungen gelernt, immer zu vertrauen. „Glaube versetzt manchmal Berge" heißt doch ein Bibelzitat. Diesen Berg des Getrenntseins versetzt zu haben, lässt mich fest daran glauben, weitere Berge bewältigen zu können. Ich habe gemerkt, dass wir durch unsere gemeinsamen Erfahrungen wieder stärker uns als Paar und Familie vertrauen konnten. Dieser Glaube hilft uns, da bin ich mir ganz sicher, alle weiteren Lebenshürden zu bewältigen.

Doch jetzt wollte auch ich die schönen Seiten des „Singlelebens" kennenlernen. Ich stellte aber schnell fest, dass das für mich kein so leichter Weg wie für Eckhard war. Die ersten Wochen und Monate hatte ich, ehrlich gesagt, gar nicht so sehr das Bedürfnis nach Freiheit außer Haus. Die neue Situation als „Single-Mum" musste sich ja auch erst einmal einspielen. Ich genoss in dieser Zeit meine Freiheiten im Haus. Morgens das Badezimmer für mich allein zu haben, abends noch ein Buch zu lesen, ohne den anderen beim Einschlafen zu stören, Fernsehprogramme zu schauen, die mein Mann überhaupt nicht mag, auch mal etwas liegen zu lassen oder völlig unsexy durchs Haus zu laufen. Nicht, dass ich sonst den ganzen Tag sexy angezogen bin, aber ich gebe mir doch deutlich mehr Mühe, attraktiv zu sein, wenn ich weiß, mein Mann ist auch daheim. Ich halte diese Art der Aufmerksamkeit für sehr wichtig, wenn man, so wie wir, schon ewig lange in einer festen Beziehung lebt. Dasselbe gilt natürlich auch für meinen Mann. Ich finde es schön, wenn er sich auch mal „aufbrezelt".

Nach und nach fand ich aber auch Gefallen daran, mich abends mit Freundinnen zu verabreden. Wir gingen gemeinsam ins Kino oder zum Essen. Außerdem besuchten sie mich zu Hause, und wir machten uns einen herrlichen Mädelsabend mit Prosecco, Chips und Schokolade. Natürlich besprachen wir sämtliche Themen, die nicht für Männerohren bestimmt sind. Das nächste Freiheitsziel sollte ein ganzes Wochenende allein für mich werden. Meine Mutter wollte mich dafür ein paar Tage unterstützen. Ich freute mich riesig und fand, dass es jetzt nach fast acht Monaten als Alleinerziehende auch an der Zeit war, mir mal etwas Gutes zu tun.

Manche Freundin von mir wundert sich darüber, warum ich Spaß daran habe, allein zu verreisen. Mir macht das eine Riesengaudi, weil ich dann ganz bei mir sein kann, oft viele neue Ideen habe und Kraft sammle. Ich brauche weder jemandem zuzuhören, noch muss ich Antworten geben. Ich hänge meinen Gedanken nach und kann meine Freizeit nur nach meinen Stimmungen einteilen. Ich bestimme dann ganz allein, und das ist für mich ein herrliches Gefühl. Nicht Rücksicht nehmen zu müssen, sondern tun und lassen zu können, was ich will. Um meine Freiheit auszuleben, brauche ich hin und wieder ein bisschen Auszeit von meinen Liebsten. Ich merkte, wie ich die neu gewonnene Freiheit immer mehr lieben lernte und mich dadurch weniger dem Frust des Alltags unterwarf.

Mein Leben in der Fernbeziehung zeigte mir ganz neue Seiten auf. Ich versuchte weiterhin, aus allem, was damit zusammenhing, das Positive mitzunehmen. Und das Positive an meiner neuen Freiheit war, dass ich anfing, sie auszukosten. Ich achtete auf mich. Und darauf, dass es zuerst einmal mir gut ging und ich das machte, was mir Spaß bereitete. Ich freute mich darüber und nahm mir vor, dieses auch in der Nahbeziehung fortzuführen.

Übrigens bewegten wir uns mit großen Schritten auf unsere Halbzeit zu. Es sollte nicht mehr lange dauern, und wir hätten die Hälfte der vierhundertdreiundsiebzig Tage geschafft. Der Countdown zur Spitze des Gipfels lief, die Zahl 237 auf unserem Maßband rückte deutlich näher.

TIPP:
Fördern Sie Ihr Selbstwertgefühl. Seien Sie so gut zu sich selbst, wie Sie es schon oft genug für andere waren.

Der Gipfel ist erreicht

Endlich kam der Tag 237 auf meinem Maßband. Wir hatten die Hälfte der Trennungszeit hinter uns gelassen, sozusagen den schweren Gipfel erklommen, mit allen Hochs und Tiefs, Gefühlen und Erlebnissen. Der Kopf rief: „Hurra, du hast die Hälfte geschafft, komm, so schlimm war das doch gar nicht, und die restliche Zeit schaffst du auch noch." Mein Bauch hingegen murmelte: „Oh je, jetzt musst du noch mal die gleiche Zeit ohne den Vater deiner Kinder auskommen mit dem ganzen Drum und Dran." All diese Gedanken gingen mir tagsüber durch den Kopf. Und vielleicht schwangen sie noch durch unser Haus, denn an diesem Abend wurde meine Tochter plötzlich sehr traurig und weinte das erste Mal in dieser Zeit bitterlich, weil sie ihren Papa so schrecklich vermisste. Ihr wurde offensichtlich schlagartig bewusst, wo, wie und wann sie ihn überall brauchte, damit es ihr besser ging, und dass sie jetzt noch mal so lange ohne ihn auskommen müsste. Das bereitete ihr große Sorgen. Jetzt hatte ich Mühe, sie wieder aufzurichten, denn wie motiviert man jemanden, wenn man selbst nicht mehr richtig motiviert ist? Und kann man überhaupt jemanden trösten, der einen anderen Menschen so stark vermisst? Ich wollte es natürlich trotzdem versuchen, denn es machte mich traurig, Carla so leiden zu sehen.

Also setzten wir uns mit einer Riesenpackung Taschentücher auf ihr Bett und sprachen über ihre Gefühle. Sie hatte einfach in den letzten Monaten so viele Dinge ohne ihren Papa erlebt, und sie wollte, dass dies jetzt aufhörte. Sie wollte, dass ihr Papa wenigstens abends zu Hause ist und mit ihr ein Buch liest, dass er sie unterstützt, wenn eine Mathearbeit ansteht, sie sich an ihn kuscheln kann, er ihr Trost gibt, wenn sie sich am Tag mit mir gestritten hat. Das fehlte ihr und wahrscheinlich noch viele andere Kleinigkeiten, auf die sie sonst im Alltag gar nicht so achtet, die aber sehr wichtig für ihr Glück sind. Sie fand es auch nicht schön, dass ihr Papa immer nur so kurz zu Besuch kam und wir nicht alle vier die gesamte Zeit miteinander verbrachten. Ich konnte dies alles sehr gut verstehen, denn mir ging es ähnlich. Aber ich musste auch realistisch bleiben und zeigte ihr ganz ehrlich die Möglichkeiten auf, die wir hatten. Es gab da in unserem Fall eben nur schwarz oder weiß, das heißt, gehen oder bleiben.

Ich schlug Carla vor, dass wir sofort alles stehen und liegen lassen könnten und die restliche Zeit bei ihrem Papa in Amerika leben würden: mit einer amerikanischen Schule, mit neuen Freunden und ohne ihre Turniertanzgruppe. Sie sagte mir, dass sie das so jetzt auch nicht wollte. Und für den Moment schloss sie Frieden damit, dass alles so bleiben sollte, wie es war, sie, ihr Bruder und ich hier in Deutschland und Eckhard eben in Arizona, und dass wir weiter hinter unserer gemeinsam getroffenen Entscheidung, eine Fernbeziehung auf Zeit zu leben, standen. Das wurde meiner Tochter in unserem Gespräch klar. Ich war natürlich auch erleichtert, dass sie schnell wieder Mut fasste und nicht in eine tiefe Traurigkeit fiel. Im Grunde wollte sie gar nichts verändern. Sie hatte lediglich ihren ganzen Frust über unsere Gesamtsituation herausweinen müssen.

Ganz ehrlich, mir war ja auch manchmal zum Heulen zumute, und deshalb hatte ich die eine oder andere Träne mit ihr geweint. Danach ging es uns beiden besser. Und ich stellte wieder einmal fest, dass Weinen Balsam für die Seele ist und unheimlich gut tut. Eckhard wollten wir darüber lieber nichts erzählen, denn sonst hätte er vielleicht ein schlechtes Gewissen bekommen und wäre auch traurig geworden. Niemand hätte ihn dann aus der Entfernung trösten können. Wir würden das gemeinsam schaffen, darüber war ich mir ganz tief im Herzen sicher.

Der Gipfel war erreicht. Der Weg dorthin war steinig, holprig, lang gewesen, aber auch aufregend, bunt und spannend.

Glauben Sie nicht auch, dass Sie alle Gipfel erreichen können? Und noch wichtiger, wächst man nicht auch ein großes Stück über sich selbst hinaus, wenn man sie erreicht hat? Als wir jetzt die Hälfte hinter uns hatten, machte ich mir wieder Gedanken über meinen momentanen Gefühlszustand. Die anfänglichen Kinderkrankheiten des Alleinseins hatte ich überwunden. Ich hatte mich mit meiner neuen Lebenssituation angefreundet. Mein Mann fehlte mir natürlich weiterhin schrecklich, aber ich hätte das so doch nie herausgefunden, wenn wir dieses Modell nicht gelebt hätten. Eckhard ging es genauso, und jedes täglich geführte Telefonat endete mit Sätzen wie: „Ich vermisse dich, du fehlst mir, ich liebe dich." Wir wussten beide, dass wir hier einen enormen Kraftakt leisteten. Und die Basis dafür war und ist unsere Liebe. Anders ist es für mich nicht zu erklären, weil man doch sicher nicht bereit sein kann, das alles auszuhalten, wenn da nicht Liebe im Spiel wäre.

Aushalten ist ein gutes Wort, denn nichts anderes taten wir. Wir hielten unseren Zustand ab diesem Zeitpunkt einfach nur noch aus. Wir wussten, was wir bis dahin geleistet hatten, und wir ahnten, was wir noch die nächsten sieben Monate leisten würden. Irgendwann sucht die Seele vielleicht auch Schutz in diesem Gefühl des Aushaltens. Denn wenn man sich täglich darüber grämen würde, wäre das bestimmt nicht hilfreich. Wir waren erwachsen genug zu wissen, dass es eine Riesenchance für uns als Paar war, aber inzwischen erfahren genug, uns auf einen solchen „Blödsinn" so schnell kein weiteres Mal einzulassen. Ganz ausschließen würde ich es zu gegebener Zeit allerdings auch nicht.

An diesem Tag klingelte am frühen Morgen das Telefon, und da auf dem Display „Arizona" stand, wusste ich sofort, dass es mein Mann war. Ich bekam einen Riesenschreck, weil es bei ihm noch mitten in der Nacht war und wir um diese Uhrzeit eigentlich nur im Notfall telefonierten. Zum Glück ging es ihm aber gut, und er hatte nur angerufen, weil er vor einem wichtigen Präsentationstermin stand und deshalb eine Nachtschicht eingelegt hatte. Er sagte mir, dass ich ihm fehle und er eigentlich besser arbeiten könne, wenn ich in seiner Nähe sei. Was für ein schönes Kompliment! Es zeigte mir, dass wir besser als Team sind und einander brauchen. Ich versuchte, ihn so gut es ging aus der Entfernung zu motivieren. Wir beendeten das Gespräch nach einer Weile, damit Eckhard wenigstens noch ein paar Stunden Schlaf bekam.

Durch die Zeitverschiebung von acht Stunden ist es nicht ganz einfach, Unterstützung zu bekommen, wenn sie gerade gebraucht wird. Nach den anfänglichen Schwierigkeiten beim Absprechen, wie wir uns gegenseitig erreichen, wussten wir inzwischen, wie wichtig eine solche Absprache ist. Und an diesem Morgen hatte sich wieder einmal gezeigt, dass sie funktionierte. Wir waren uns trotz der großen Entfernung immer nah. Dem anderen das Gefühl zu geben, dass man sich nah bleibt während des Getrenntseins, trug maßgeblich zum Gelingen unserer Partnerschaft aus der Ferne bei.

Es war Halbzeit, und wir planten die verbleibenden Monate. Wir fanden heraus, was wir in der zweiten Hälfte noch gemeinsam entdecken wollten, wo und wie wir unsere Urlaube mit den Kindern verbringen würden. Dadurch wurden die nächsten sieben Monate für uns überschaubarer. Wir blickten nach vorne. Die Aussicht auf das kommende Ende und die Erkenntnis, als Familie so einen steilen Gipfel erreicht zu haben, gaben mir Kraft für die nächsten zweihundertsechsunddreißig Tage, in denen ich einfach einen Fuß vor den anderen setzen wollte. Ich würde einen Tag nach dem anderen leben, bis Eckhard wieder bei uns wäre.

TIPPS:
Je entspannter Sie mit den unterschiedlichen Gefühlsmomenten Ihrer Kinder umgehen, desto leichter kommen Sie gemeinsam da durch.
Ein Rat von Gleichgesinnten macht die Situation erträglicher.

Ich habe keine Lust mehr, stark zu sein

An diesem Morgen war ich mal wieder mit meinem Hund Tara unterwegs. Es regnete Bindfäden, es war kalt, windig, einfach scheußlich. Die Tage davor hatten wir schon erahnen dürfen, wie herrlich es bald sein würde, wenn der Frühling endlich da wäre. Also marschierte ich in Regenkombi und bunten Gummistiefeln mit meinem Hund durch den Matsch. Meinen MP3-Player habe ich dann immer dabei, und je nach Stimmung höre ich die entsprechende Musik oder lausche einem Podcast.

In dem Podcast „Wie war der Tag, Liebling?" mit SWR3-Moderator Kristian Thees und Anke Engelke erzählt jeder von einer ganz persönlichen Geschichte, die sie oder er irgendwo gelesen oder gehört und die sie oder ihn besonders berührt oder amüsiert hat. Für Anke Engelke war es in dem Podcast, den ich an diesem Tag hörte, eine Rubrik der Süddeutschen Zeitung über tausendfünfhundert anonyme Geheimnisse ihrer Leserschaft. Sie erzählte von lustigen Geheimnissen wie zum Beispiel: „Ich habe Sex mit attraktiven Frauen, aber ich würde lieber fernsehen" oder: „Ich lege bei Telefonaten mit meiner Mutter den Hörer beiseite und sage dann, wenn es still wird, einfach ‚Ja' ins Telefon." Sehr informativ fand ich persönlich: „Ich habe meine Sekretärin nicht nach ihrem Können ausgewählt, sondern nach der Hässlichkeit, um mich nicht abzulenken bei der Arbeit."

Als ich dann so mit meinem Hund durch den Wald spazierte, war ich ganz bei mir, und ich merkte, wie sich ein Lächeln oder auch schon mal ein lautes, herzhaftes Lachen breitmachte. Sicher für die mir entgegenkommenden Spaziergänger nicht immer ganz verständlich, aber ich grüßte gleichzeitig immer freundlich und konnte mich dann wieder ganz dem Zuhören widmen.

Dann kam aber ein Geheimnis, das mich sofort berührte und auf absolutes Verständnis bei mir traf: „Seit mein Mann vor fast zwei Jahren gestorben ist, muss ich ständig stark sein. Ich will aber nicht mehr stark sein." Dieser Satz traf mich mitten ins Herz und begleitete meine Gedanken auch die nächsten Tage noch. Stark sein müssen ist auf Dauer anstrengend. Wenn Frau oder Mann plötzlich allein für alles verantwortlich ist, funktionieren muss, stark sein muss, den Kindern Mut und Trost geben will, aber selbst keinen Menschen zum Krafttanken und Anlehnen hat, ist das eine besondere Leistung. Ich habe großen Respekt vor allen Menschen, die diese Stärke aufbringen und sich tagtäglich allen damit verbundenen Aufgaben stellen. Und ich wünsche ihnen Familien und Freunde, die sie dabei unterstützen.

Stark zu sein in Extremsituationen liegt wahrscheinlich in der Natur des Menschen. Nur der Wille, der mich dies durchhalten lässt, scheint nach einiger Zeit schwach. Und dann gönne ich mir eine Pause, hole mir Hilfe, sammle Kraft. Und schließlich wächst der Wille wieder, stark zu sein. Das ist für mich ein ewiger Kreislauf. In meinem Fall kam ich auch an Punkte, wo ich keine Lust mehr hatte, stark zu sein. Dann erinnerte ich mich an das, was mir Hoffnung gab. Nämlich noch einen Partner zu haben, der mit mir gemeinsam einen Weg geht, auch wenn ich für eine Weile ohne seine Nähe bin. Ebenso die Gewissheit, dass diese Zeit des Getrenntseins begrenzt sein würde, ließ mich immer wieder stark werden. Stark sein!

Oft sind wir stärker als wir glauben, doch manchmal wollen wir das nicht mehr, und dann fühlen wir uns schlecht. Ich habe gelernt, „schlechte" Gefühle zuzulassen. Denn ich bin fest davon überzeugt, dass jeder Mensch zu gleichen Teilen Stärke und Schwäche in sich trägt, die nur zu belastenden Zeiten eben nicht im Gleichgewicht sind. Diese veränderte innere Struktur war offensichtlich ein ganz normaler Prozess in meinem Gefühlschaos während meiner Zeit als „Single-

Mum". Wendl schreibt dazu: „Es ist hilfreich zu verstehen, dass der Verlauf der Gefühlsentwicklung bei Fern-Beziehungen ähnlich ist wie bei Krisen und Trauer" oder in der „Zeit nach der Diagnose einer schweren Krankheit ... selbstverständlich in unterschiedlich intensiver Ausprägung. Je länger man einen Abschied, eine Krise, eine Veränderung ... nicht wahrhaben will, desto länger dauert auch die Phase der chaotischen Gefühle mit immer wechselnden Gefühlen wie Wut, Zorn, Traurigkeit usw. Erst wenn die Annahme des Neuen ganz gelingt, kann sich auch das Leben wieder einpendeln."

Ich wollte meine damalige Lebenssituation ganz annehmen, Chancen erkennen und Neues gestalten, dann würden die Wut und die Traurigkeit über den momentanen Zustand verfliegen. Der Wille zum Starksein könnte wieder wachsen.

Übrigens hat Anke Engelke noch von einem weiteren Geheimnis erzählt: „Ich habe im Suff meinen Gästen ein Gulasch aus Katzenfutter serviert. Alle waren begeistert." Darüber musste ich bei meinem Spaziergang wieder herzlich lachen. So laut, dass mich ein entgegenkommender Hundebesitzer freundlich anlächelte.

TIPP:
Stark zu sein gelingt nicht immer. Muss es aber auch nicht.

Mein Genießerwochenende

Endlich sollte es also losgehen, mein Wochenende ohne Job, Kinder, Haus und Hund. Ich wollte „wesentliche Bereiche, in denen ich bewusst Aktivitäten wie ‚Ausruhen' und ‚Auftanken' planen kann", erleben, wie Wendl über „Orientierungen für mich in der Fern-Beziehung" schreibt. In der Woche davor wurden noch Alltäglichkeiten erledigt, bis meine Mutter für ein paar Tage zu uns kam, um während meiner Abwesenheit Kinder, Hund und Haus zu hüten. Wie gesagt, mir Hilfe und Unterstützung zu suchen in dieser Zeit des Meisterns der Alleinverantwortung, blieb immer sehr wichtig für mich.

Als ich in dem Hotel ankam, freute ich mich sehr über die Blumen und Schokolade von meinem Mann, die im Zimmer schon auf mich warteten. Gut, dass es Internet, Fleurop und Amazon gibt, die es möglich machen, einander mit Kleinigkeiten immer wieder zu zeigen, dass man dem anderen nah sein kann.

Nachdem ich es mir in meinem schönen Einzelzimmer eine Zeit lang gemütlich gemacht hatte, lief ich los ins Stadtzentrum. Ich schaute mir den Dom an (ein „wesentlicher Bereich, die Meditation und Religiosität betreffend", Wendl) und genoss diesen Ort der Ruhe sehr. Ich merkte, wie sich Frieden in mir ausbreitete und meine Gedanken ebenfalls zur Ruhe kamen. Bevor ich diesen Ort verließ, zündete ich noch eine Kerze an. Seit vielen Jahren schon habe ich es mir angewöhnt, in allen Kirchen, die wir besichtigen, eine Kerze anzuzünden. Dabei schicke ich immer einen oder auch mehrere Gedanken ins Universum. Wenn unsere Kinder dabei sind, kann ich beobachten, wie andächtig sie in einem solchen Moment der Stille sind, und freue mich, dass ich ihnen dieses Ritual mitgegeben habe, das ich als Kind nicht kannte.

Den restlichen Nachmittag bin ich noch durch die Stadt gebummelt und habe bewusst auf alle Paare geachtet, die mir entgegenkamen. Ich sah ältere, jüngere, gleichgeschlechtliche, frisch verliebte und ewig verliebte Paare. Ich freute mich für all diese Menschen, dass sie offensichtlich jemanden hatten, der mit ihnen durchs Leben ging. Gleichzeitig wuchs in mir ein starkes Gefühl der Sicherheit, diesen Menschen bereits gefunden zu haben. Auch wenn Eckhard jetzt gerade nicht bei mir war, wurde ich immer sicherer, dass dieser Mann genau der Richtige für mich und mein weiteres Leben ist. Dieses Gefühl der Sicherheit wollte ich tief in mir festhalten, damit ich mich wieder daran erinnern könnte, wenn wir in einer Nahbeziehung leben würden.

Es ist ein schönes Gefühl zu wissen, dass ich bei Eckhard sicher und geborgen bin. Dieses Gefühl hatte sich offensichtlich in den letzten Jahren, seit wir Eltern waren, vergraben. Anders war es für mich nicht zu erklären, denn ich hatte diesen Mann schließlich mal richtig verliebt geheiratet. Vielleicht sollten sich im Laufe der nächsten Monate noch mehr vergrabene Gefühle oder Sehnsüchte auftun, von denen ich zum damaligen Zeitpunkt noch nicht die leiseste Ahnung hatte. Darauf war ich natürlich jetzt sehr gespannt. Meine Neugier war geweckt, und ich versprach mir, weiterhin sehr aufmerksam in meine Gefühlswelt hineinzuhorchen.

Mein einziger Wermutstropfen in diesem Urlaub war, abends allein essen zu gehen (ein „wesentlicher Bereich, Kulinarisches betreffend", Wendl), was mir zwar herrlich schmeckte, aber zu zweit einfach mehr Spaß macht. Nichtsdestotrotz habe ich den Sonntag mit einem ausgiebigen Frühstück gestartet, danach viel gelesen (ein „Bereich, Kultur und Bildung betreffend", Wendl), bin spazieren gegangen, habe in der Sauna relaxt („Bereiche, körperliches und passives Genießen betreffend", Wendl) und habe abends noch einmal allein, aber wieder köstlich gespeist.

Das ganze Wochenende konnte ich meinen Gedanken freien Lauf lassen, ohne mit Unruhe an das zu denken, was noch alles zu tun war. Ich hatte viel Kraft tanken können und fühlte mich gestärkt für die kommenden Herausforderungen mit Job, pubertierenden Teenagern, Haus und Hund. Meine wunderbare Gelassenheit wuchs weiter. Ein englisches Sprichwort lautet: „Love it, change it or leave it." Hatte ich das schon immer bei großen und wesentlichen Entscheidungen in meinem Leben berücksichtigt, war ich nun endlich zu der Erkenntnis gekommen, dies auch im „Alltagswahnsinn" zu leben. Die Umsetzung wollte ich gleich zu Hause ausprobieren. Bevor es aber hieß, Abschied von meinem Freiheitswochenende zu nehmen, trank ich noch einen Latte Macchiato im Café, und dabei wärmten mich tatsächlich die ersten Sonnenstrahlen des Frühlings.

TIPP:
Vergessen Sie nie, nach Hilfe zu fragen, um Kraft tanken zu können.
Verreisen Sie allein oder mit einer Freundin/einem Freund, um sich eine Auszeit zu gönnen.

Einsamkeit

Die restlichen Tage, die meine Mutter noch bei mir und den Kindern war, genoss ich sehr. Ich brauchte nicht zu kochen und war abends viel unterwegs, hatte also eine Menge Hilfe und pflegte meine eigenen Freundschaften. Meiner Tochter Carla hat das nicht immer so gefallen. Hendrik hingegen genoss doch sehr, wenn seine „Kontrollmama", wie er mich liebevoll nannte, außer Haus war. Als die Oma meiner Kinder abreiste, hatten wir noch fünf Tage, bis uns Eckhard wieder besuchen würde. Die Kinder wollten sich diesmal mit ihren Freunden treffen, verabredeten Übernachtungen mit ihnen und wollten zu Hause „ihr Ding" machen.

Ich freute mich auf einen gemeinsamen Urlaub bei uns, ohne Schule, Job und Alltagsstress. Eckhard wollte nur mit uns zusammen sein, wo, war ihm letztendlich für diese Ferien egal. Also entschieden wir gemeinsam, dass mein Mann eine Woche zu uns nach Deutschland kommen sollte. Das würde eine herrliche Zeit als Familie werden. Sieben Wochen waren wir diesmal getrennt gewesen. Ich freute mich und merkte, wie mich dieses Gemisch aus Sehnsucht, Vorfreude und Gewissheit einer kommenden gemeinsamen Zeit stärkte.

Überschattet wurde es bis zu Eckhards Ankunft aber auch immer wieder vom großen Gefühl der Einsamkeit. Sich allein und richtig einsam zu fühlen ist kein angenehmer Zustand. Darauf hätte ich gut verzichten können, denn es machte mir Bauchweh. Durch meinen vollen Alltag war ich abgelenkt und merkte es zum Glück nur hin und wieder. Ich fand deshalb, dass der Alltag durchaus auch etwas Positives hatte, nämlich meine Gedankenwelt zu zerstreuen.

Bei Wikipedia fand ich zum Stichwort Einsamkeit Folgendes: „Der Begriff Einsamkeit bezeichnet die Empfindung, von anderen Menschen getrennt und abgeschieden zu sein ... Während die Sozialwissenschaften in der Einsamkeit überwiegend eine Normabweichung und einen Mangel erblicken, billigen die Geisteswissenschaften der Einsamkeit auch positive Aspekte zu, im Sinne einer geistigen Erholungsstrategie, die notwendig sein kann, um die Gedanken zu ordnen oder Kreativität zu entwickeln." Und genauso empfand ich die Einsamkeit auch während der Fernbeziehung zu meinem Mann. Dadurch, dass wir immer wieder viele Wochen getrennt waren, entstand ein klarer Mangel an Nähe, wie es die Sozialwissenschaftler beschreiben. Den Geisteswissenschaftlern stimme ich hingegen zu, dass ich im Laufe der Zeit eine geistige Erholungsstrategie entwickelt hatte. Meine Strategie war, stets positiv zu denken und die Chancen für Neues zu nutzen. Und damit fällt es leichter, die Einsamkeit als trauriges Gefühl anzunehmen und im Gegenzug trotzdem aus ihr etwas Wunderbares zu gestalten. Wie in meinem Fall, mit dem Schreiben anzufangen. Was wäre das bei Ihnen?

TIPP:
Sehen Sie die Einsamkeit als Möglichkeit zur kreativen Entfaltung.

Es ist kein endgültiger Zustand

Endlich war es so weit. Sieben Wochen lagen hinter uns, und bald waren wir wieder, wenn auch nur für einige Tage, komplett. Man spürte im Haus regelrecht die positive Energie. Vieles gelang mit Leichtigkeit und Entspanntheit. Auf dem Weg zum Flughafen sagte Carla plötzlich zu mir: „Mama, diesmal freue ich mich gar nicht so auf Papa. Wir haben ihn schon so oft abgeholt, und er ist ja wieder nur zu Besuch, so wie Oma im letzten Monat. Ich freue mich auf den Tag, wenn wir ihn für immer abholen." Mein Kind sprach genau das aus, was auch ich in diesem Moment empfand.

Es war ja nun seit knapp neun Monaten immer dieselbe Situation. Wir trafen uns entweder in Deutschland oder in Amerika, immer mit dem Wissen, nur für einen begrenzten Zeitraum zusammen zu sein. Die ersten Wiedersehen hatten noch viel Aufregung und Spannung gehabt. Das neue Haus, das Land Amerika, die gemeinsame Zeit in Deutschland während Eckhards Besuche. Aber von Mal zu Mal wurde eben auch dies tatsächlich zur Routine. Etwas, was ich mir vorher nicht hatte vorstellen können.

Schlagartig wurde mir klar, dass unsere Situation bereits eine Regelmäßigkeit hatte, trotz der langen Abstände zwischen unseren Wiedersehen. Auch kamen mir zum ersten Mal die sieben Wochen, jetzt, da ich darüber nachdachte, gar nicht mehr so lang vor, trotz der Einsamkeit, die mich immer wieder überkommen hatte. Im Gegensatz zu unserer Anfangszeit, in der sich jede Woche wie eine Ewigkeit anfühlte, verstrich die Zeit nun deutlich schneller. Ich vermutete, dass ich inzwischen gelernt hatte, mit dieser Lebenssituation besser umzugehen, sie anzunehmen, sie vielleicht sogar ein wenig zu mögen. Mögen deshalb, weil ich die Zeiten, in denen ich „Single mit Kids" war, kennen- und schätzen gelernt hatte. Ich fand es schön, allein zu sein, aber nur durch die Gewissheit, dass es dort draußen jemanden gab, der zu mir gehörte. Wendl schreibt dazu Folgendes: „Die Fern-Beziehung ... ist kein endgültiger Zustand, sondern vielmehr ein ständiger gemeinsamer Entwicklungs-Prozess hin zu dem, was die Partnerschaft trägt und ausmacht." Endlich zu akzeptieren, dass es in diesem Moment so war, jedoch nicht für immer so bleiben würde: Ich fühlte mich glücklich mit dieser Erfahrung, reifer, erfahrener, zufriedener.

Der Gedanke, dass wir nur noch knapp sechs Monate vor uns hatten, half sicher bei dieser Erkenntnis. Vielleicht würde diese Routine auch beim nächsten Abschiednehmen helfen. Darauf war ich doch sehr gespannt. Und ich freute mich auf die weiteren Erfahrungen, die noch vor mir lagen. Es war jedes Mal anders, und das machte alles aufregend. Später antwortete ich meiner Tochter, dass auch ich mich darauf freute, wenn wir Eckhard in gut einem halben Jahr abholen würden, dann aber mit der Gewissheit, dass es für lange Zeit das letzte Mal sein würde.

Als Eckhard müde, aber glücklich mit zwei Koffern und leicht gebräunt zu uns kam, umarmten wir uns alle herzlich und freuten uns auf die vor uns liegende Woche. Wir fuhren gemeinsam nach Hause, und es wurden die neuesten Erlebnisse aus der Schule, die Erfolge in der Tanzschule, in der Fahrschule, aus dem Judoverein und vom Straßenfest erzählt. Nachdem wir gegessen hatten, verschwanden unsere Kinder in ihren Zimmern, und Eckhard und ich hatten noch die Möglichkeit, uns über unsere Erlebnisse der letzten Wochen auszutauschen.

Später an diesem Abend liebten wir uns leidenschaftlich. Wir hatten viele Wochen aufeinander verzichten müssen. Das war auch ein Vorteil gegenüber unseren Treffen in Amerika: In Deutschland haben wir unser eigenes Schlafzimmer, in dem wir durchaus wieder Mann und Frau sein können. Wenn wir zu viert in einem Hotelzimmer lebten, war die Zweisamkeit nicht so prickelnd, denn dann war mehr Wachsamkeit gefordert, weil wir natürlich vermeiden wollten, dass die Kinder etwas bemerkten. Aber das gelang uns inzwischen hervorragend. Dennoch, an diesem Abend wieder so intim miteinander zu sein, den anderen zu fühlen, war wunderschön. Es entschädigte für die allein verbrachte Zeit. Am Sonntag frühstückten wir alle ausgiebig miteinander, mein Mann las seine Post der letzten beiden Monate, die Kinder beschäftigten sich mit ihren Spielkonsolen, und ich backte zur Feier des Tages einen Rhabarberkuchen. Es war ein ganz normaler Sonntag, wie wir ihn schon oft verbracht hatten, als wir noch nicht getrennt lebten.

Für die kommende Woche hatten wir kaum Termine geplant, und das war auch gut so, wie sich später zeigte. Denn ich wachte eines Morgens mit Drehschwindel auf, der mich den Rest der Woche zur Ruhe zwang. Mein Mann hatte stark mit seinem Heuschnupfen zu kämpfen, den er in Arizona völlig vergessen hatte, weil die Vegetation dort ganz anders ist. Waren das vielleicht schon die ersten Anzeichen des Älterwerdens? Oder steckt man solche Erlebnisse eben doch nicht mehr so leicht weg? Waren wir nach neun Monaten etwa am Ende unserer Kraft? Ich schob diese Gedanken beiseite und entschied mich für eine andere Erklärung: Wahrscheinlich war es ganz normal, während dieser Trennungszeit auch mal eine ganz gewöhnliche gemeinsame Woche zu erleben. Ich konnte mir nun gut vorstellen, dass es bei Paaren, die aus beruflichen Gründen zeitweise getrennt leben, unterschiedliche Zusammentreffen gibt.

Ich kenne Paare, die häufig getrennt sind und die nicht aus jedem Wiedersehen ein Fest machen. Eine Freundin zum Beispiel ist Flugbegleiterin und mit einem Piloten verheiratet, zusammen haben sie zwei Kinder. Wegen der unterschiedlichen Dienstpläne müssen die Freizeit und der Alltag gut durchgeplant werden. Nicht immer sind alle damit glücklich, aber dennoch zufrieden und inzwischen sehr routiniert. Eine andere Freundin, deren Mann beruflich immer wieder mehrere Tage am Stück auf Reisen ist, verbringt auch nicht nur entspannte Sonntagnachmittage. Eine mit einem Berufssoldaten verheiratete Bekannte ist manchmal sogar ein wenig froh, wenn sie nach dem Wochenende wieder allein ist und Ruhe in die Familie kommt.

Ich entschied mich in diesem Moment, all die Klischees der heilen Welt bei jedem Wiedersehen über Bord zu werfen. Auch wenn man es ungemein möchte und anstrebt, man kann nicht allen Erwartungen, die an jedem einzelnen Wiedersehen haften, gerecht werden. Mein Drehschwindel und Eckhards Allergie zwangen uns, das Tempo zu drosseln. Von da an wollte ich unser Leben „entschleunigen". Wir hatten schon genug Gas gegeben und wollten nicht auf der Felge ins Ziel fahren. Warum also jetzt die letzten Reserven verpulvern, um dann zu merken, dass man völlig kraftlos angekommen ist? Wir fuhren nicht mehr als Rennfahrer, sondern gemütlich im Kutschentempo weiter. Denn entscheidend ist doch, sicher und gesund das Ziel zu erreichen.

Wir beschlossen, jeden Tag dieser restlichen Ferien individuell zu planen und nicht traurig oder enttäuscht darüber zu sein, dass wir nicht topfit waren. Wir versuchten, uns gegenseitig zu trösten und zu „verarzten", und machten gemeinsam mit den Kindern, denen es glücklicherweise gut ging, erneut das Beste aus der Situation. Eckhard fuhr mit Carla und Hendrik in einen Freizeitpark ganz in unserer Nähe. Sie verbrachten dort einen wundervollen Frühlingstag (trotz Allergie) mit Hotdogs, Pommes, Wildwasserbahn und anderen Attraktionen. Glücklich, gemeinsam einen Ferientag verbracht zu haben, trudelten sie abends wieder ein. Und für mich war es einfach ein herrliches Gefühl, einen Tag die Verantwortung an den Vater meiner Kinder abgegeben zu haben. Abends spielten wir oft Gesellschaftsspiele oder gingen mit den Kindern ins Kino. Wir kochten zusammen oder schauten eine DVD. Außerdem machten wir uns an die Planung für unseren vierwöchigen Urlaub bei Eckhard im Sommer, in dem wir uns unter anderem San Francisco, den Grand Canyon und Disneyland anschauen wollten. Die Woche war alles in allem sehr kindgerecht. Aber das war für Eckhard und mich okay. Wenn man keine Erwartungen hat, gibt es weniger Enttäuschungen, so empfand ich die Situation damals.

Am letzten Tag vor Eckhards Abreise war es wie immer sehr still im Haus. Den Kindern merkte man an, dass Eckhards Abschied kurz bevorstand. Carla und Hendrik holten sich noch mal ihre Kuscheleinheiten und stärkten sich so für die nächsten fünf Wochen ohne Papa. Meine Tochter brachte es abermals auf den Punkt und sagte am Abend vor Eckhards Abreise: „Mama, diesmal bin ich gar nicht so traurig, dass der Papa wieder wegfliegt. Ich habe ja noch eine Woche Ferien, kann mich mit meinen Freundinnen treffen, und dann kommt er ja bald schon wieder." Originalton. Ich war platt. Meine zehnjährige Tochter bezeichnete die Zeitspanne von fünf Wochen inzwischen schon als „bald". Mir wurde klar, dass auch die Kinder mittlerweile immer besser mit den Wochen des Getrenntseins fertigwurden.

Statt Ostereier zu suchen, brachte ich Eckhard morgens zum Flughafen. Die Kinder sollten ausschlafen, und das Abholen vom Flughafen fiel ihnen wie gesagt leichter als das Wegbringen. In der Abflughalle hieß es Abschied nehmen, und dieses Mal hätte ich heulen können. Ich tat es aber nicht, sondern schluckte meine Traurigkeit runter, weil der Abschied sonst noch mehr geschmerzt hätte. Es sind wirklich immer diese Sekunden vor dem Auseinandergehen. Dieses „Sich-nicht-trennen-wollen", dieses „Bleib bei mir", „Flieg nicht", eben all diese Bauchgefühle. Aber der Kopf schaltete sich prompt ein und übernahm die Führung, und so umarmten wir uns ein letztes Mal, winkten herzlich, schickten uns, sobald Eckhard im Sicherheitsbereich war und ich auf dem Weg zum Aufzug, eine liebevolle SMS, dass wir uns jetzt schon vermissten.

Jeder würde durch seine Aufgaben abgelenkt sein in den Wochen der Trennung. Mein Mann in Amerika und ich hier in

Deutschland. Die nächsten fünf Wochen würden schnell vorübergehen, dessen war ich mir sicher. Dieses Gefühl der Sicherheit gab mir Halt. Ich gewann immer mehr Zuversicht, inzwischen viel besser mit dem Abenteuer und meinem veränderten Leben zurechtzukommen. Liebe, Zuversicht und der Glaube, das Richtige zu tun, waren immer meine wichtigsten Begleiter in dieser aufgewühlten Zeit. An mich selbst zu glauben half mir, wenn ich zweifelte. Die gewonnenen Erkenntnisse über die eingetretene Routine, und dass unser Zustand nicht für die Ewigkeit war, gaben mir ein richtig gutes Gefühl.

TIPP:
Entschleunigen Sie Ihre Zeit, wenn nötig, damit Ihnen immer genug Kraft bleibt.

Das Maßband schrumpft

Mein Maßband in der Küche schrumpfte merklich und hing inzwischen nur noch an einer Seite meiner Pinnwand herunter. Es sollte nicht mehr lange dauern, und wir hätten dreihundert Tage geschafft. Die neun Monate, die bereits hinter mir lagen, hatte ich gut gemeistert. Aber ich konnte mir die Zeitspanne von fast sechs Monaten damals eben auch gut vorstellen und wusste genau, dass es doch noch eine verdammt lange Zeit werden würde. Erlebtes und Vorstellungskraft sind eben doch weiter voneinander entfernt, als man glaubt. Man kann sich nicht vorstellen, was es bedeutet, regelmäßig mehrere Wochen von seinem Partner getrennt zu sein. Ich konnte das vorher ja auch nicht wirklich. Wie denn auch? Wir Menschen können nur das vollständig nachvollziehen, was wir selbst erlebt haben, das glaube ich ganz bestimmt. Unsere Vorstellungskraft reicht für die meisten Situationen im Leben einfach nicht aus.

Vor unserer Entscheidung hatten wir Fakten, und mit diesen glaubten wir dann, eine genaue Vorstellung zu haben. Ich betone das deshalb so, weil auch wir zu diesem Zeitpunkt noch nicht abschätzen konnten, was da auf uns zukam. Die Fakten waren: Wir sollten fünfzehn Monate getrennt leben, auf zwei verschiedenen Kontinenten mit mehreren Zeitzonen zwischen uns; Eckhard hätte ein Singleleben mit neuen beruflichen Herausforderungen, ich hätte mein Leben mit den Kindern, meinem Job und unserem Alltagstrott in Deutschland. Und zu guter Letzt wussten wir um die Freude unserer Kinder, mit uns ein wunderschönes Land zu erkunden.

Mehr wussten wir damals nicht. Und wir ließen uns trotzdem darauf ein. Wenn man vorher schon immer alles wüsste, wäre es weder spannend noch einzigartig. Und das ist es doch, was unser Leben ausmacht, der Spaß, die Entdeckung neuer Möglichkeiten und neue Erfahrungen. Wendl betont nicht umsonst: „Fern-Beziehung: Welch Wagnis, welch Herausforderung, welch Chance!" Und weiter: „Fern-Beziehung heißt konzentriert ... erleben, was das Paar zusammenhält und was es ändern muss, damit die Partnerschaft langfristig gelingt ... Fern-Beziehungen bieten eine Möglichkeit, die Partnerschaft zu beleben, reifen zu lassen, Alltäglichkeiten bereichernd zu erleben, zu teilen und zu gestalten – oder auch notwendige Veränderungen zu erkennen." Die Komfortzone verlassen, auch um die Routine im Alltag zu durchbrechen, gemeinsame Ziele im Auge behalten, während jeder Einzelne dabei seine Persönlichkeit weiterentwickelt, räumlich getrennt, aber im Geist stets vereint. Das waren unsere Herausforderungen, unsere Chancen.

Mal auszubrechen aus der Routine, um dann unter solchen Umständen wieder zu einer neuen Routine zu kommen, dazu möchte ich Ihnen, liebe Leserinnen und Leser, Mut machen. Für einen gewissen Zeitraum ist eine Fernbeziehung oder auch eine Wochenendbeziehung gut lebbar. Lassen Sie Ihre Ideen sprudeln. Malen Sie sich ruhig die Dinge in den schönsten Farben aus, dann fällt auch die Entscheidung leichter. Springen Sie ins kalte Wasser, lassen Sie sich ein auf Ihr persönliches Abenteuer. Glauben Sie daran, für alles belohnt zu werden. Mein Wagnis war, dass ich meinen Mann allein habe gehen lassen. Und geschenkt wurde mir die größte Erkenntnis – dass ich wieder ganz nah bei ihm sein wollte. Die vielen Kilometer haben uns zwar räumlich getrennt, aber gefühlsmäßig wieder auf eine wunderschöne gemeinsame Ebene gebracht. Unser Umgang miteinander ist freundlicher, leidenschaftlicher, respektvoller, herzlicher, lustiger, inniger, tiefer und wesentlicher geworden, allein dafür hat sich all die Mühe gelohnt.

TIPP:
Eine Fernbeziehung ist Herausforderung und Chance zugleich. Um sie erfolgreich zu führen, hilft es, die Komfortzone zu verlassen und das Gute dahinter zu entdecken.

Die Zeit verstreicht langsam

Warum lässt uns unser Gehirn eigentlich glauben, dass die Zeit unterschiedlich schnell vergeht? Ein Tag hat vierundzwanzig Stunden und jede Minute sechzig Sekunden, daran gibt es nichts zu rütteln. Wenn meine Kinder mittags aus der Schule kommen, erzählen sie mir dazu immer ihre eigenen Geschichten. Die Französischstunde meines Sohnes vergeht gefühlt für ihn so langsam, dass er jede Minute auf die Uhr schaut und dadurch fünfundvierzig Minuten zur Qual werden können. Meine Tochter hört sich in der Politikstunde einen Monolog des Lehrers an und kämpft mit der Langsamkeit der Zeiger auf ihrer Uhr. Wenn ich hingegen Hendrik nach drei Stunden vor der Spielkonsole auffordere, seinem Gehirn eine Pause zu gönnen, hat er das Gefühl, er hätte doch gerade erst angefangen. Oft sagt Carla zu mir: „Wie, ist die Stunde schon vorbei?", wenn ich sie nach dem Ballettunterricht wieder abhole. Zeit vergeht natürlich immer gleich schnell. Aber wenn wir etwas machen, was uns viel Spaß und Freude bereitet, vergehen die Augenblicke für uns schneller. Wenn wir hingegen Dinge tun, die uns langweilen, uns in immer wiederholende Abläufe verstricken, die uns eben nicht vorantreiben, sieht die „Zeitgeschichte" schon etwas anders aus.

Mir ging es damit genauso wie meinen Kindern. Seit mein Mann nach seinem Osterurlaub wieder zurück nach Amerika geflogen war, hatte ich das Gefühl, die Zeit verginge gar nicht mehr. Von der erlangten Routine, in der unser Leben nun nach gut neun Monaten verlief, habe ich ja bereits erzählt. Die erhoffte Routine bei der Sehnsucht ließ dagegen leider noch auf sich warten. Obwohl mein Mann erst knapp zwei Wochen fort war, kam es mir vor wie eine Ewigkeit. Ich wollte herausfinden, woran das lag, und begab mich tief in mir auf die Suche.

Ich machte mir an unterschiedlichen Orten dazu meine Gedanken, wenn ich mit Tara spazieren ging oder im kreativen Chaos in meiner Küche stand. Auch bei kurzen Unterhaltungen mit Freundinnen kam ich immer wieder auf die gleiche Idee: Die letzten neun Monate ohne meinen Mann im Haus hatte ich gut geschafft, viele kleine Reparaturen, technische Probleme, ausgelebte Freiheiten, Job und Haushalt liefen richtig gut. Ich war zufrieden mit dem, worauf ich da zurückblickte, was wir vier als Team mit allen Höhen und Tiefen, Erlebnissen und Erkenntnissen bis dahin erreicht hatten. Nun war ich einfach an einem Punkt angekommen, an dem mir mein Mann unendlich fehlte.

Für die ganzen Alltagserledigungen brauchte ich nicht mehr so viel Kraft. Vieles war zur Gewohnheit geworden, und ich hatte wieder mehr Zeit, die ich gern mit Eckhard verbracht hätte. Meine Gedanken drehten sich nur noch darum, wie ich die verbleibenden sechs Monate meistern würde, bis ich meinen Mann täglich bei mir hätte. Als Partner, als Vater meiner Kinder, als Stütze bei den täglichen Aufgaben, als Zuhörer und als Freund. Ich traf den Entschluss, ab jetzt meinen Spaß noch mehr in den Vordergrund zu stellen. Nicht nur mein Pflichtprogramm zu absolvieren, sondern auch mal die Kür zu laufen. Ich hatte mir neue Zeitfenster geschaffen, weil ich gut organisiert war, und wollte diese neu gewonnene Chance nutzen.

Ich setzte meinen Tatendrang um und machte Sachen wie die Garage aufräumen, alte Wohnzimmermöbel verkaufen, neue bestellen und frische Blumen in die Beete pflanzen. Ich fand kleine Dekorationsartikel in der Stadt und brachte damit Farbe und Neues ins Haus. Mein Motto lautete: „Altes raus, Neues rein." Das half mir sehr. Mir ging es damit sofort besser. Auch entschied ich an einem herrlichen Sonntagnachmittag, die Kinder hinter ihren Spielkonsolen hervorzulocken, um mit ihnen und unserem Hund eine ausgiebige Fahrradtour zu unternehmen. Erst gab es das übliche Gezeter, das ich meistens geflissentlich überhöre. Nach unserem Ausflug waren die Kinder glücklich, dass sie mitgekommen waren, weil wir einen schönen gemeinsamen Tag verbracht hatten. Und so kamen wir alle wieder unserem Ziel näher: dem Herbst dieses Jahres. Da sollte Eckhard allerspätestens zurückkommen. Dieses Ziel behielt ich fest im Auge: jede Sekunde, jede Minute, jede Stunde, jeden Tag, jede Woche, einfach jeden der weiteren sechs Monate.

Als ich diese Zeilen schrieb, rief mein Mann kurz an, um mir voller Freude zu sagen, dass er eben für eine Woche früher als geplant den nächsten Flug gebucht hatte. Er erzählte mir irgendetwas von Termin geändert, wichtige Besprechungen, deshalb käme er früher. Aber ich hörte gar nicht mehr richtig hin, denn für mich war in dem Moment, nach all den Wochen der Sehnsucht nur wichtig zu wissen, dass er nun bald wieder zu Besuch käme. Darüber freute ich mich riesig. Und plötzlich verging die Zeit wie im Flug. Hatte sich diese bis zu seinem Anruf noch im Schneckentempo bewegt, merkte ich nun, wie sie leichter und schneller verstrich. Ich selbst war viel fröhlicher, und die alltäglichen Pflichten drückten mich nicht mehr so nieder.

TIPP:
Nicht der Zeit das Leben schenken, sondern dem Leben die Zeit!

Dreihundert Tage sind geschafft!

Es war ein sagenhaftes Gefühl, als endlich die Zahl 173 an meinem Maßband erreicht war. Wahnsinn, dreihundert Tage lagen hinter mir. Gut zehn Monate allein bewältigt zu haben, mal abgesehen von den gemeinsam verbrachten Urlauben, erfüllte mich schon ein wenig mit Stolz.

Ich fasste schnell mal für mich zusammen, was sich in dieser Zeit alles verändert hatte: Ich war zum Bespiel gelassener geworden im Umgang mit meinen Alltagspflichten und meiner Ordnungsliebe. Ich hatte neu erlangte Stärken, allein mit den Tücken der Technik im Haus oder am Computer zurechtzukommen. Ich ging offener mit meinen Schwächen um, wie dem Drehschwindel, der immer auftrat, wenn ich meinen Körper nicht achtsam behandelte. Meine aufrichtige Liebe zu Eckhard, die mir die Jahre zuvor im Alltag oft verloren gegangen war, war mir bewusster denn je. Ich war zuversichtlich, dass alles gut gehen wird und jeder Einzelne Erkenntnisse daraus mitnimmt, die ihn weiter reifen lassen. Ich hatte die Kraft, immer wieder nach vorne zu blicken, auch wenn ein Tag, eine Woche, ein Monat allein unendlich viel Kraft gekostet hatte. Über die gesamte Zeit glaubte ich daran, die richtige Entscheidung getroffen zu haben, dass ich mit den Kindern in Deutschland blieb und mein Mann allein nach Amerika ging. Wäre ich mit ihm gegangen, hätte ich zu einem Zeitpunkt mit meiner Selbstständigkeit aufhören müssen, zu dem ich es gar nicht gewollt hätte. Die Entscheidung, wann ich aufhöre zu arbeiten, konnte ich glücklicherweise bisher in meinem Leben immer selbst bestimmen, und daran sollte sich (soweit es in meinen Händen lag) auch nichts ändern.

Als mein Mann eine Entscheidung für seine Karriere treffen musste, traf auch ich eine Entscheidung für meine berufliche Zukunft. Und deshalb führten wir seit dreihundert Tagen eine gut funktionierende Fernbeziehung.

Entscheidungen müssen wir im Leben viele treffen. Manchmal können wir uns schnell entschließen, ein anderes Mal tun wir uns richtig schwer damit. Durch meine Schilderungen möchte ich Ihnen eine Entscheidungshilfe geben. Die veränderten inneren Strukturen unseres Beziehungs- und Familiensystems, das Gefühlschaos in mir während dieser Zeit, die Kraft der Liebe und der feste Glaube daran, dass alle glücklich durch diese kleine Lebensphase kommen. Denn im Grunde handelt es sich bei einer zeitlich begrenzten Fernbeziehung doch lediglich um einen überschaubaren Lebensabschnitt. Und warum diese kurze Reise nicht mal wagen?

Zum Reifungsprozess für diese „bewusst gewählte, erzwungene oder aufgedrängte Beziehungsform" bei Peter Wendl: „Sind steigende Scheidungsquoten und häufig wechselnde und scheiternde Beziehungen ein Zeichen für die Unmöglichkeit, Beziehung und Selbstverwirklichung ... zu vereinbaren – zumal wenn die Beziehung an unterschiedlichen Orten gelebt wird? Schließen sich Selbstverwirklichung, Selbst-Sein (‚Immer-mehr-ICH-Werden') und glückende, erfüllende Partnerschaft (‚Immer-mehr-WIR-Werden') aus? ... Die Vereinbarkeit von beidem ist sogar sehr wohl möglich, sofern gewisse Einschränkungen akzeptiert werden und die jeweilige Grundeinstellung zur Partnerschaft untereinander vermittelbar ist." Selbstverwirklichung und erfüllende Partnerschaft schlossen sich bei uns nicht aus. Im Gegenteil, jeder von uns hat in dieser Zeit einiges über sich selbst erfahren. Und das hat erheblich zu unserer glücklichen Beziehung beigetragen. Einschränkungen während der Fernbeziehung in Kauf zu nehmen und damit die Grundeinstellung zur Partnerschaft zu erneuern sind ganz wesentliche Elemente für diese Lebensphase.

TIPP:
Eine wachsende Gelassenheit, das Vertrauen in die eigene Kraft und eine hohe Kommunikationsbereitschaft sind entscheidend für den Reifungsprozess von Fernliebenden.

Harmonie allein
ist auch keine Lösung

Friede, Freude, Eierkuchen allein halten eine Fernbeziehung nicht aufrecht. Beim nächsten Wiedersehen meldeten sich, zu meiner eigenen Verwunderung, Stimmungen wie Zorn und Wut. Das hatte ich bis dahin nicht gekannt. Aber der Reihe nach.

Wieder einmal waren meine Tochter und ich auf dem Weg zum Flughafen, um Eckhard dort von seiner langen Reise aus den USA abzuholen. Mein Sohn wollte für uns zu Hause etwas kochen. Wie jedes Mal verschwanden alle Gedanken an die nicht enden wollenden Wochen zwischen den Wiedersehen, als mein Mann endlich auf uns zukam. Jedes Mal war es ein berauschendes Gefühl, wieder zusammen zu sein. Den anderen zu riechen, zu fühlen, zu sehen, zu hören und zu erleben: Das war der Moment, der uns für alle sehnsüchtigen Wochen entschädigte.

Hendrik blühte immer auf in der Zeit, die mein Mann gemeinsam mit uns verbrachte. Ich merkte, wie gut es ihm tat, seinen Vater in der Nähe zu wissen. Ein weiteres männliches Familienmitglied im Haus zu haben, sich mit ihm über technische Dinge zu unterhalten oder gemeinsam mit ihm eine Fahrradtour zu unternehmen, all das genoss er in vollen Zügen. Carla freute sich darüber, ihren Vater als „Verbündeten" gegen mich einsetzen zu können, mit ihm ein Buch zu lesen oder für ihre neuesten Ballettschritte Applaus zu bekommen. Und ich freute mich auf die Entlastung im Alltag, auf einen erwachsenen Gesprächspartner und auf schöne Stunden zu zweit. Mein Mann erlebte die volle Action, die eine Familie mit sich bringt. Er sog dies alles richtig in sich auf, sicher auch, weil er wusste, dass er nach einer Woche wieder allein sein würde. Das Wichtigste war die Familie. Alles in allem war es eine herrliche Woche, die in der Mitte einen kleinen Riss bekam, der aber dringend nötig zu sein schien.

Eckhard und ich unternahmen einen gemütlichen Bummelvormittag in Düsseldorf, als mich urplötzlich der Drehschwindel überkam. Dass Drehschwindel ein Wink meines Körpers ist, wenn es ihm zu viel wird, wusste ich inzwischen. Der eine hat Migräne, der nächste Probleme mit dem Rücken, wieder andere schlafen schlecht. Wenn ich mich so in meinem Freundes- und Bekanntenkreis umhöre, hat jeder seine Wehwehchen. Die eine Fraktion ignoriert sie geflissentlich, während die andere sie als Warnzeichen des Körpers wahrnimmt. Wie jeder damit umgeht, ist letztendlich seine persönliche Entscheidung, denn er trägt die Konsequenzen dafür selbst. Ich zähle mich eher zur zweiten Fraktion und bin daher für den Rest des Tages auf dem Sofa geblieben, um mir eine Pause zu gönnen. Aber woher kam die Notwendigkeit dieser Pause? Ging es mir nicht gerade in dieser Woche, als mein Mann bei uns war, besonders gut? Oder hatte er mich doch nicht so gut es ging entlastet? Fühlten wir uns nicht gerade bestens, weil wir eine harmonische Woche erlebten?

Die Zeit war reif für ein ernstes Gespräch, und erstmalig in unserer Fernbeziehung zeigte ich meinem Mann meine ganze Wut, meinen Frust und meine Kraftlosigkeit der letzten Monate. Im Vordergrund standen in dem Moment weder die Freude über das Wiedersehen noch die zusammen so wertvoll verbrachten Stunden, und es wurde spürbar, dass Harmonie allein offensichtlich auch keine Lösung war. Ich glaube, wir waren mitten in einem aktiven und wichtigen Reifungsprozess unserer Partnerschaft.

Ich sagte Eckhard, dass ich das Gefühl hatte, alles letztendlich nur auszuhalten, damit er sein berufliches Ziel verfolgen konnte. Ich heulte mir die Anstrengungen der letzten Zeit und die Wut auf ihn von der Seele. Die Wut darauf, dass, wenn wir unter diese fünfzehn Monate einen Schlussstrich ziehen würden, bei ihm „Erreichen der nächsten Karrierestufe" stehen würde und bei mir „Federn gelassen". Denn nichts anderes war es genau in diesem Moment, als ich mit Drehschwindel da lag und nicht unterrichten konnte. Ich habe immer gesagt, und dazu stehe ich nach wie vor, dass ich meinen Mann unterstütze, da wir natürlich alle davon profitieren, wenn er Karriere macht. Ich habe aber auch gesagt, dass ich nicht auf der Felge fahren möchte, damit es ihm gut geht. Aber genau dort befand ich mich jetzt. Eine gleichberechtigte, erfüllende Partnerschaft mit zwei individuellen, sich selbst verwirklichenden Menschen sollte unsere Beziehung sein. Scheinbar waren wir doch noch weit davon entfernt. Aber unser Gespräch an diesem Nachmittag ließ uns die Chancen der Neugestaltung erkennen.

Mein Mann hörte mir sehr aufmerksam zu, und ich glaube, er hat erst da begriffen, wie anstrengend das alles für mich war. Es tat ihm unendlich leid, und er tröstete mich erst einmal, kochte eine Kanne Tee und setzte sich zu mir. Dass er in dem Moment nichts ändern konnte, war mir natürlich klar. Aber für mich war es einfach enorm wichtig, mal keine Rücksicht auf ihn zu nehmen, sondern die aufgestaute Wut an den zu richten, der sie hören sollte, und das war Eckhard. Auch wenn wir jedes Mal versuchten, eine harmonische Zeit zu verbringen, verlief diese Woche nicht wie ein „Bilderbuch-Fernbeziehungs-Wiedersehen". Dazu schreibt die Paartherapeutin Berit Brockhausen in dem Buch von Christine Koller: „Konflikte: Dass Wochenenden auch mal ins Wasser fallen können und nicht Friede, Freude, Eierkuchen sind, ist ganz normal ... Besser: Mit Ich-Botschaften seine Gefühle und Meinungen zu äußern ... Denn wer seinen Ärger hinunterschluckt, killt auf Dauer die gemeinsame Liebesbasis ..." Das wollten wir auf keinen Fall. Unsere Beziehungsstruktur änderte sich, indem ich erzählte, was mich bewegte, und nicht mehr alles herunterschluckte, damit mein Mann eine harmonische Woche erlebte und im Glauben blieb, alles sei okay. Wendl dazu: „Es gilt also immer wieder neu zu entdecken, was sich die Partnerin/der Partner von der Beziehung erwartet und erhofft, was sie/er befürchtet bzw. welche Ängste sie/er hat … Diese Aspekte auszusprechen ist ein wesentliches Fundament für die gelingende (Fern-)Beziehung." Und weiter: „Eine große Gefahr liegt darin, vermeintliche Alltäglichkeiten und Negatives aus der knappen gemeinsamen Zeit heraushalten zu wollen. Diese Gedanken und Erlebnisse zu teilen, ist die Grundlage für das gemeinsame Wachsen-Können und Wir-Werden."

An dieser veränderten Struktur unserer Partnerschaft während der Fernbeziehung wollten wir arbeiten. Und so lebten wir für den Rest der Woche ruhiger, ohne große Erwartungen oder Terminstress, und das tat allen sehr gut. Als Eckhard wieder fort war, halfen die Kinder, wo es ging, und ich beschloss, mir täglich kleine Auszeiten zu gönnen, damit ich nicht weiter „Federn lassen" musste. Es lief erfreulicherweise wieder frei von Drehschwindel, und an meinem Maßband hingen nur noch hundertsechsundsechzig Tage. Die nächsten Wochen bis zu unserem Wiedersehen in Amerika wollte ich achtsam mit mir umgehen.

TIPPS:
Bleiben Sie achtsam mit sich.
Scheuen Sie sich nicht davor, auch Ihre negativen Gefühle zu zeigen.
Es ist kein Drama, wenn ein Wochenende oder gar eine Woche unharmonisch verläuft. Reden Sie darüber.

Endlich Sommerferien

Darauf hatte ich mich so lange gefreut, denn ich wusste, dass ich mit dem Beginn der Sommerferien dem Ende als „Single-Mum" einen riesigen Schritt näher sein würde. Nachdem die Kinder ihre Zeugnisse erhalten hatten und ich alle Aufgaben rund um Haus und Hund vor unserer langen Amerikareise erledigt hatte, fuhr uns eine Freundin endlich zum Flughafen. Es war der erste Ferientag, und entsprechend voll war die Abflughalle. Das Einchecken für unseren Flug nach Los Angeles verlief reibungslos, trotz der langen Schlangen am Schalter und der vielen Formalitäten für die Einreise in die USA.

Ich empfand die Stimmung im Flughafengebäude als sehr spannend. Alle Menschen wollten irgendwohin reisen, hatten sich vielleicht lange auf ihren Urlaub vorbereitet, waren aufgeregt, wirkten hektisch, gestresst, wollten losfliegen, freuten sich vielleicht wie wir, endlich einen geliebten Menschen wiederzutreffen. Die Kinder und ich waren inzwischen ja schon „alte Hasen", und so galt meine ganze Aufregung allein dem Wiedersehen mit Eckhard. Es trennten uns lediglich knapp zwölf Stunden Flug, und wir hätten weitere sieben Wochen des Alleinseins hinter uns gelassen.

Nach dem Einsteigen ins Flugzeug machten wir es uns auf unseren Plätzen so gut es ging gemütlich, da hörte ich eine Stimme aus dem Lautsprecher. Als erfahrene Flugbegleiterin war mir sofort klar, dass, wenn es noch bevor die Türen geschlossen werden eine Ansage des Piloten gibt, es sich meistens um eine Verzögerung handelt. Bereits eingeladenes Gepäck musste wieder ausgeladen werden. Dieser Vorgang dauerte über eine Stunde. Ich war, bei allem Verständnis, etwas genervt, weil ich nur noch zu Eckhard wollte. Und außerdem mochte ich nicht mehr Zeit als nötig auf dem engen Flugzeugsitz verbringen.

Wir waren froh, als wir eineinhalb Stunden später in der Luft waren. Der Flug war ruhig, wir konnten bei herrlichem Wetter auf Neufundland schauen, die Crew war freundlich, und durch das Unterhaltungsprogramm verging die Zeit sehr schnell. Überhaupt hatte ich diesmal das Gefühl, dass mir die lange Flugzeit weniger ausmachte als sonst. Bestimmt hatte ich mich inzwischen genau wie ans Abschiednehmen, Getrenntsein, Alleinsein auch an das stundenlange Fliegen gewöhnt. Es sollte aber auch unsere letzte Reise in die Staaten sein, während Eckhard dort lebte, vielleicht machte es das so leicht, entspannter zu fliegen.

Als wir in Los Angeles landeten, freuten wir uns doch, der Enge entfliehen zu können. Der Weg durch Immigration (Einwanderungsbehörde) und Zoll und danach das Abholen unserer Koffer waren ein angenehmer Spaziergang nach all dem langen Sitzen im Flugzeug. Als wir voll bepackt, übermüdet, verschwitzt, aber glücklich in der Ankunftshalle standen, stöhnte mein Sohn: „Und wo ist jetzt der Papa?" Bei der letzten Ankunft in Los Angeles stand mein Mann schon direkt am Ausgang, um uns zu begrüßen. Ich hatte aber diesmal schon damit gerechnet, dass er es nicht rechtzeitig schaffen würde, denn Eckhard hatte noch bis mittags arbeiten müssen, und man braucht bis zu sechs Stunden mit dem Auto von Phoenix nach Los Angeles. Also gingen wir drei müde hinaus bis an die Flughafenstraße und stellten uns so hin, dass er uns auf keinen Fall übersehen würde. Einige Zeit später sahen wir schon aus der Ferne sein Auto kommen, und in mir kam ein riesiges, warmes Gefühl der Freude auf. Es tat gut zu wissen, dass wir nun vier Wochen am Stück als Paar und Familie zusammen verbringen würden.

Dieser Monat war tatsächlich die längste gemeinsam verbrachte Zeit in den fünfzehn Monaten. In diesem Moment machte ich mir noch keine Gedanken darüber, welche Entdeckungen wir dabei machen oder wie kostbar diese Wochen für uns alle werden würden. Ich genoss einfach dieses tiefe

Gefühl der Verbundenheit, das sich auf dieser Etappe vermutlich noch weiter über unserem kleinen Familienkosmos ausbreiten würde. Ich freute mich auf die Entdeckung eines kleinen Teils der USA. Ein großer Teil meines Herzens war auf viel Zeit als Paar und als Familie neugierig.

TIPP:
Jedes Wiedersehen bedeutet, eine weitere Etappe hinter sich zu wissen.

Gefühle ausleben
und intensive Gespräche führen

„Bei den Nachteilen bzw. den Problemen und Ängsten nervt die Zeitknappheit ... fehlende Unterstützung im Alltag, Einsamkeit ... Eifersucht und Seitensprunggefahr ... ebenso wie zu wenig Sex und Zärtlichkeiten plus fehlende Nestwärme und Nähe durch einen gemeinsamen Alltag", fasst Christine Koller in ihrem Buch „Liebe auf Distanz" die Ergebnisse einer Befragung von Paaren in Fernbeziehungen zusammen. Für unsere Fernbeziehung auf Zeit traf einiges davon voll zu, manches wenig und eins gar nicht, nämlich die Seitensprunggefahr. Darüber haben wir natürlich auch vorher ausführlich gesprochen.

Wir haben in den letzten zwanzig Jahren ein so großes Vertrauen zueinander aufgebaut, dass wir mit dieser „Angst" während des Getrenntseins sehr relaxt umgehen konnten. Wenn ein Partner in seiner Beziehung unglücklich und unzufrieden ist, wird er oder sie nicht erst ausbrechen, wenn, wie in unserem Fall, neuntausend Kilometer dazwischen liegen. Zum Fremdgehen gehören immer noch zwei. Wenn mein Mann hätte fremdgehen wollen, hätte er sicher nicht erst damit angefangen, als er so weit weg war von mir. Gelegenheiten ergeben sich immer, die Frage ist doch nur, ob man auch zugreifen möchte. Auch die Eifersucht spielt daher eine untergeordnete Rolle in unserer Beziehung, weil genug Vertrauen und Respekt für den anderen da sind.

Die Zeitknappheit, die fehlende Unterstützung und die räumliche Distanz zählten zu den Nachteilen während der gesamten Zeit der Trennung. Auch zu wenig Sex, Zärtlichkeiten und fehlende Nestwärme waren Probleme in den Monaten, als mein Mann und ich in verschiedenen Zeitzonen lebten. All diese Faktoren wollten wir für vier Wochen Ferien hinter uns lassen, und wir versuchten, die versäumte Nähe durch einen gemeinsamen Alltag nachzuholen. Was uns angesichts der Tatsache, dass wir in Venice Beach wieder ein Zimmer zu viert mit zwei großen Doppelbetten hatten, zwang, erfinderisch zu werden, wenn es um Zärtlichkeiten ging. Denn wir wollten nach sieben Wochen auch unser Wiedersehen als Paar feiern. Also warteten wir ungeduldig an diesem ersten Abend in Los Angeles nach dem Kofferauspacken, Duschen und Essengehen, bis die Kinder völlig erledigt eingeschlafen waren. Endlich konnten wir uns wieder richtig nah sein. Eingehüllt in die Bettdecke bekamen wir beide, wonach wir uns die letzten Wochen so sehr gesehnt hatten. Immer mit der Obacht, die Kinder nicht in Verlegenheit zu bringen, uns beim Sex zu „erwischen". Die Gewissheit, bei Eckhard in Arizona alles nachholen zu können, versöhnte uns für die Zeit, in der wir auf der Reise immer wieder das Zimmer mit den Kindern teilten.

In Monterey, einem weiteren Stopp auf dem Weg nach San Francisco, hatten Eckhard und ich Zeit für ein intensives Gespräch nur über uns. Wir hatten an diesem Abend alle gut gegessen und getrunken und genossen gerade zu zweit unseren Nachtisch. Die Kinder waren bereits ins Hotelzimmer verschwunden und schauten einen Film. Wir redeten über unsere Gefühle, wie wir es am Telefon kaum konnten, sprachen darüber, was wir in den vergangenen Wochen empfunden hatten, und wir erzählten uns davon, welche Erkenntnisse wir in den vergangenen Monaten gewonnen hatten, worüber wir nachdachten in den Stunden ohneeinander.

Wir stellten beide fest, dass wir gemeinsam an vielem festhielten, aber jeder für sich noch seinen eigenen Weg gehen mochte. Ich wollte weiter an meinem Buch schreiben und vielleicht beruflich mal was ganz Neues ausprobieren. Eckhard wollte weiter an seiner Karriere feilen. Und er hatte an sich beobachtet, dass er persönlich in einer Phase der Veränderung steckte. Durch das Alleinsein hatte er verstanden, wie er an sich arbeiten könnte, um ein fähiger Teamplayer zu sein. Nicht nur beruflich, sondern auch privat. Darüber war ich gleichermaßen überrascht wie erfreut, und ich war gespannt, wie er das in den Alltag integrieren würde, wenn er wieder in Deutschland wäre. Für einen gewissen Zeitraum (trotz Ehe oder fester Partnerschaft) allein zu leben birgt auch Risiken. Diese kann man aber ausblenden, wenn man sicher ist, dass die Partnerschaft auf einem festen Fundament ruht. Bei uns bestand es zu dem Zeitpunkt aus einer intakten Familie, zwei erfüllenden Jobs, einem Heim, langjährigen Freundschaften und, nicht zu vergessen, immer wieder neuen gemeinsamen Visionen für unser Leben.

Liebe Leserinnen und Leser, haben Sie keine Angst davor, dass der Partner während der Fernbeziehung aus der Ehe ausbricht. Statistisch gesehen ist das sicher der kleinste Trennungsgrund bei Scheidungen. Wenn Sie sich über die Jahre ein ähnliches Fundament der Liebe aufgebaut haben wie wir, dann schaffen Sie das gemeinsam und kommen gestärkt da heraus. Jeder Mensch sollte in einer Beziehung seine eigene kleine Welt er- oder behalten. Bei meinem Mann und mir ist das durch „Familie werden" in den Hintergrund geraten, und wir wollten es nach diesem Gespräch wieder mehr in den Vordergrund stellen.

Eigenverantwortung heißt für mich da das Zauberwort. Nicht nur Mitverantwortung für meinen Mann und die Kinder zu übernehmen, sondern allmählich wieder selbst dafür zu sorgen, dass es auch mir gut geht. Das wollte ich in meinen Alltag einfließen lassen, jetzt aber vor allem auch in der Zeit nach unserer Fernbeziehung. Ohne Risiken im Leben geht es nicht. Wir müssen uns ihnen täglich stellen, mal im Großen und mal im Kleinen. Aber dahinter steckt doch immer eine Chance. Und die ist dazu da, um etwas aus ihr zu machen. Also, liebe Leserinnen und Leser, schieben Sie die Risiken, sollte es welche bei Ihrer Fernbeziehung geben, beiseite und schaffen Sie sich Platz für Chancen. Für das Leben! Für die Liebe!

Als mein Mann schon lange wieder bei uns in Deutschland lebte, habe ich mich oft an diesen Abend erinnert. Wir haben damals Stunden damit verbracht, dem anderen zuzuhören. Etwas, das wir ja seit gut einem Jahr nicht mehr in dieser Länge und Qualität kannten. Denn die kurzen Besuche ließen eigentlich nie wirklich Zeit für solche Gespräche. Und vielleicht waren wir auch erst an diesem Abend so weit, über unsere in der Zwischenzeit gewonnenen Erkenntnisse zu reden. Unser Wir-Gefühl wurde ganz massiv gepusht in diesen Stunden, und unser Ich-Gefühl konnte sich weiterentwickeln. Das alles fühlte sich gut an. Wir merkten dabei gar nicht, wie das Restaurant immer leerer wurde und die Kellner schon die Nebentische für das Frühstück eindeckten. Erst als Hendrik nach uns schaute, um sicherzugehen, dass es uns gut ging, verließen wir unseren Tisch und schliefen in dieser Nacht überaus glücklich und zufrieden ein.

Am nächsten Morgen machten wir uns auf unsere letzte Etappe zwischen Los Angeles und San Francisco. Es sollten vier schöne Tage werden mit viel Sonnenschein, frischem Fisch und Sightseeing, die wir gemeinsam zu zweit und zu viert genießen wollten.

TIPP:
Auch wenn die gemeinsame Zeit knapp für intensive Gespräche ist, Sie werden an einen Punkt kommen, wo sie unumgänglich sind. Viel Gemeinsames werden Sie dabei entdecken, etwas Neues an Ihrem Partner sehen, und in Ihnen kann der Wunsch nach Veränderung wachsen.

Urlaub bekommt eine andere Bedeutung

In mir breitete sich zunehmend ein angenehmes, entspanntes Gefühl aus, weil ich Eckhard für vier Wochen an meiner Seite wusste und die ungeduldige, stressige und sehnsüchtige Zeit davor vergessen war. Wenn alle wieder zusammen waren, empfand ich immer ein vertrautes Gefühl des Angekommenseins. Der Bauch wurde während dieser Zeit mit viel Nähe „gefüttert", und mein Kopf hatte einfach mal Pause. Herrlich! Die Kinder wieder mit meinem Mann zu teilen und damit auch die Verantwortung, gab mir in den Zeiten, die wir gemeinsam verbrachten, eine tiefe Zufriedenheit.

Unsere Kinder fanden es richtig schön, ihren Vater mehrere Stunden an vielen Tagen hintereinander für sich zu haben. Hendrik hatte endlich wieder einen männlichen Gesprächspartner und konnte mehr Sohn sein, der dennoch sehr gereift wirkte, wie mein Mann feststellte. Carla fand es toll, wenn Eckhard ihr ein hippes amerikanisches T-Shirt kaufte oder ihrem Redefluss aufmerksam lauschte. Beide Kinder bekamen die Aufmerksamkeit, auf die sie lange hatten verzichten müssen. Sie waren inzwischen kleine Profis im Lernen von Verzicht. Ich glaube, dass sie durch diese Erfahrung sensibler und rücksichtsvoller mit ihrem Umfeld umgehen werden. Sie kamen mittlerweile einfach viel besser mit der veränderten Situation zurecht und brauchten nicht mehr das doppelte (Auffang-)Trapeznetz, wie es noch am Anfang der Fall war.

Mit gefühlsgestärkten Bäuchen und freien Köpfen starteten wir unser touristisches Programm in San Francisco. Wir gingen ins Museum of Modern Art, liefen über die Golden Gate Bridge, machten Fotos von allen wichtigen Sehenswürdigkeiten, die diese wundervolle Stadt zu bieten hat. Es gab „clam chowder" im Brotteig (dicke Muschelsuppe mit Sellerie, Zwiebeln und anderem), die man einfach essen muss, wenn man in San Francisco ist. Eckhard und ich joggten am Ufer entlang und genossen dabei den Blick auf den rauen Pazifik und die bunten Segel der Kite-Surfer am Himmel. Die Kinder fütterten die Robben, die dick und faul am Pier 39 lagen.

Wir waren eine ganz normale Familie, die ihren Urlaub gemeinsam in Amerika verbrachte, so wie es viele andere Familien mit uns taten. Und doch waren zwei Dinge entscheidend anders. Erstens die Tatsache, dass wir uns nach den vier Wochen wieder trennen würden, was aber unsere Stimmung bei Weitem nicht trübte. Denn zweitens genossen wir durch dieses Bewusstsein jeden Tag sogar intensiver, eben anders, als wenn wir hier unseren Jahresurlaub verbracht hätten. Wir machten zwar auch Ferien, aber in erster Linie war unser Treffen ein Wiedersehen als Paar und Familie nach wochenlangem Getrenntsein. Und das gab dem Urlaub eine unglaubliche Entspanntheit. Keiner hatte Erwartungen, bestimmte Dinge tun zu müssen oder anzusehen. Wir taten immer nur das, wozu alle oder die Mehrheit Lust hatte. Das Bewusstsein, dass sich alle wohlfühlten, stand im Vordergrund. So gab es keinen Druck, den man vielleicht doch gelegentlich verspürt, wenn man Ferien macht und ein gewisses Programm erfüllen möchte. Auf unserer Ferienagenda stand Folgendes: glücklich sein; Gemeinsamkeit, aber auch Individualität zulassen; viele Gespräche als Paar und als Eltern führen; auf die vergangene und die kommende Zeit blicken und darüber philosophieren, was sie mit uns gemacht hat; Spaß haben; innige Momente tief im Herzen verankern, damit sie bei Einsamkeit helfen können.

Wenn ich Freunde fragte: „Wie stellt Ihr Euch einen gemeinsamen Urlaub vor?", bekam ich oft Antworten wie: „schönes Wetter, gutes Essen, faulenzen, Sport treiben und einige Sehenswürdigkeiten anschauen". Und natürlich waren diese Kriterien auch für unsere bisherigen Urlaube wichtig gewesen. Auch während der Reisen durch die USA haben wir immer wieder versucht, einiges an „Wichtigem" abzuhaken. Aber durch die Zeit des Getrenntseins haben sich unsere Prioritäten dazu einfach geändert. Denn was ich nicht verändern kann, wird so bleiben, ob es mir gefällt oder nicht. Das Wetter zum Beispiel kann ich nicht verändern, und deshalb kann es ausgerechnet in den zwei Wochen meines Jahresurlaubes total mies sein. Dann habe ich in dem Fall einfach Pech gehabt. Aber als Glück würde ich bezeichnen, dass ich in den Genuss gekommen bin, trotzdem mit meinem Partner oder meiner Familie viele schöne Stunden verbracht zu haben. Und um gutes Essen zu haben, Sport zu treiben oder gar faul zu sein, muss ich doch nicht Hunderte von Kilometern wegfahren. Wie viel schöner kann es sein, diese Dinge in den Alltag zu integrieren, damit aus jedem normalen Tag auch ein wenig Urlaub wird. Das kann funktionieren, wenn man sich nur ein wenig aus seiner Komfortzone heraustraut. Und Sehenswürdigkeiten gibt es unzählige auf der Welt, aber ich glaube, wenn ich sie nicht alle gesehen habe, kann ich trotzdem in Frieden diesen Planeten verlassen.

Wenn man nicht immer einem Phantom hinterherjagt, weil irgendjemand sagt: tu dies oder mach das, dann, glaube ich, kann sich in jedem von uns Ruhe ausbreiten. Und die wiederum schenkt uns viel Kraft für Dinge, die wirklich wichtig sind im Leben. Für mich sind das auf alle Fälle meine Familie, meine Eigenständigkeit, meine Bereitschaft für Neues und der Glaube, das Richtige zu tun. Diese Erkenntnis im Sommerurlaub hat mich dahin geführt, „die schönste Zeit des Jahres" aus einem anderen Blickwinkel zu betrachten. Nämlich sie in erster Linie gemeinsam zu verbringen, jedem Einzelnen Freiraum zu geben und den Rest auf sich zukommen zu lassen. Mit schlechten Tagen genauso klarzukommen wie mit guten. Nicht mehr den Mythos „Urlaub" zu überladen, damit ich nicht schwerer, sondern deutlich leichter nach Hause komme. Liebe Leserin, lieber Leser, vielleicht erstellen Sie als Familie auch mal eine Ferienagenda, in der jedes Familienmitglied gleichberechtigt aufschreiben kann, was für ihn oder sie wichtig ist. Ich bin mir sicher, dass Sie zu erstaunlichen Ergebnissen kommen werden, und schon macht sich eine riesige Entspanntheit in Ihnen breit. Und genau das ist es doch, was Urlaub so wertvoll macht.

Als wir San Francisco verließen, ging es endlich zu Eckhard „nach Hause". Wir hatten schöne Ferien verbracht und blickten nun auf die Zeit bei Eckhard, wo wir ein Zuhause in den USA hatten. Die Kinder freuten sich, wieder ihr eigenes Reich zu haben. Eckhard und ich freuten uns darauf, endlich ein Zimmer und ein Bett nur für uns zu haben. Dies alles war wichtig. Doch das Wichtigste während der gesamten Zeit der Sommerferien war eben die Tatsache, dass wir Familie „leben" konnten. Dass unsere kleinen geschundenen Herzen wieder heilen konnten. Und das taten sie auch. Wir merkten dabei überhaupt nicht, wie schnell die Zeit verflog, weil ja keiner etwas vermisste. Eckhard fand es wundervoll, abends in ein Haus voller Leben zu kommen. Ich genoss meine Freizeit und kleine Freiheiten.

Die letzte Etappe, bevor es wieder nach Deutschland gehen sollte, führte uns ins Disneyland. Wir verbrachten dort eine unbeschwerte Zeit mit Achterbahnen, Shows und viel Spaß. Der letzte Abend vor unserem Abflug war komisch wie jeder Abend, bevor wir uns trennen mussten. Wir sind bis Parkende geblieben, haben jedes Feuerwerk, jede Show und Parade gesehen und haben dann noch an der Bar (ohne die Kinder) ein kühles Bier getrunken. Frisch geduscht und eng umschlungen haben mein Mann und ich die letzte Nacht im Vierbettzimmer verbracht. Wir hatten eine wundervolle, entspannte und glückliche Zeit miteinander verlebt, ein Jahr lag inzwischen hinter uns, und die restlichen drei Monate würden wir auch noch schaffen. Nur, dass diese vom Gefühl her die längsten sein würden, ahnte ich in diesem Moment noch nicht.

TIPP:
Urlaubstage haben für Fernbeziehungsliebende eine andere Bedeutung. Machen Sie sich diesen reichen Erfahrungsschatz bewusst. Denn er bewahrt Sie vor den sonst üblichen Erwartungen, die viele an die „schönsten Wochen des Jahres" knüpfen. Genuss spielt eine große Rolle für die Zufriedenheit der Menschen.

Wieder zu Hause

Da wir die Tage davor volles Programm in Disneyland hatten, nahmen wir uns vor, den letzten gemeinsamen Vormittag in aller Ruhe zu verbringen. Ohne Frühstück machten wir uns auf den Weg zum Huntington Beach. Dort angekommen, frühstückten wir nur Orangensaft, Kaffee, Bananen und zwei fettige Zimtstangen. Der Pazifik, die Sonne, der blaue Himmel über uns und der Strand entschädigten uns für die karge Mahlzeit. Wir waren schließlich auch nicht wegen des Essens hier, sondern um uns (für eine vermutlich sehr lange Zeit) von Amerika und dem Pazifik zu verabschieden.

Überhaupt merkte man es allen an, dass die Zeit der Trennung nah war. Diese vier Wochen gemeinsam waren so schnell vergangen. Wir genossen die am längsten zusammen verbrachte Zeit sehr. Es gab keinen Knatsch, keine Unstimmigkeiten, und unsere Kinder beobachteten sehr erfreut, dass Eckhard und ich uns inzwischen bestimmt schon das vierhundertste Mal geküsst hatten. Wir waren von Zufriedenheit und Glück erfüllt.

Bald wurde es Zeit, und wir fuhren zurück vom Strand ins Hotel, um schnell zu duschen, unsere Koffer zu packen und uns auf den Weg zum Flughafen zu machen. Im Auto ging es Carla nicht so gut, was ich auf den Trennungsschmerz schob. Hinzu kam, dass wir wieder einmal im Stau auf einer der vielen Autobahnen in Los Angeles steckten, und es mir auch schon langsam mulmig vor der Abreise wurde. Als wir am Flughafen ankamen, gab es keine Probleme beim Check-in, lediglich die Aufgabe des Gepäcks dauerte länger als geplant. Zügig hieß es nun Abschied nehmen.

Carla ging es etwas besser, aber Zeit, um noch eine Kleinigkeit zu essen vor der Reise, blieb nicht, da wir ziemlich spät vom Hotel weggefahren waren und uns der Stau auf der Autobahn und bei der Gepäckabgabe doch viel Zeit gekostet hatte. Das passiert, wenn man nicht drei Stunden vorher am Flughafen ist. Aber ich wollte schließlich bis zur letzten Sekunde mit Eckhard zusammenbleiben, da nahm ich die Hektik gern in Kauf. Außerdem hatte ich gerade vier Wochen Urlaub hinter mir und war herrlich erholt. Dass diese Entspanntheit unmittelbar nach unserer Ankunft in Deutschland gegen Sorgen eingetauscht würde, konnte ich zu diesem Zeitpunkt noch nicht wissen. Jetzt war ich jedenfalls noch gestärkt für die kommenden Wochen, und unser Abschied war kurz, mit vielen Küssen und Umarmungen.

Danach teilte sich unsere Familie erneut auf. Mein Mann stärkte sich noch mit Fast Food für die sechsstündige Autofahrt zurück nach Arizona. Die Kinder und ich, kaum durch den Sicherheitsbereich und nach einem letzten Gang zur Toilette, wurden schon zum Einsteigen ins Flugzeug nach Düsseldorf gebeten. Diesmal lief alles planmäßig, und wir genossen bereits einige Zeit später den letzten Blick über Los Angeles auf dem Weg in Richtung Heimat. Hendrik hatte Glück, denn der Platz neben ihm blieb frei. Carla und ich saßen in einer Zweierreihe und richteten uns so gut es ging ein, mit Freude auf unser Zuhause in Deutschland.

Ich empfand den Flug, obwohl es ein Nachtflug war, als relativ entspannend. Die Enge und das stundenlange Stillsitzen störten mich diesmal nicht so sehr. Ich war erholt wie schon lange nicht mehr. Mich konnte nichts aus der Ruhe bringen. Was mir aber Sorgen bereitete, war der Zustand meiner Tochter. Ihr war es weiter übel, sie aß praktisch gar nichts, nur mühsam konnte ich sie dazu bringen, etwas zu trinken. Sie schlief immer wieder ein, fühlte sich schlecht und schaute weder fern, noch hörte sie Musik oder spielte Videospiele. Ich schob diesen Zustand darauf, dass sie bereits ihren Papa vermisste und auch immer ein bisschen Reisefieber hat. Als wir in Düsseldorf gelandet waren, fühlte sie sich so weit okay, und wir waren mit unter den Ersten, die aussteigen durften. Kaum waren wir hundert Meter gelaufen, sagte Carla auf einmal: „Mama, ich glaube ich muss gleich ..." Diese Ansage ist mir sehr vertraut. Ich kramte in meiner Tasche nach einer Tüte, in der sich noch amerikanische Cornflakes befanden, und bog schnell mit Carla um die Ecke. Hendrik wusste schon, was kam, und entschied sich, bei unserem Handgepäck zu bleiben, während sich Carla in die Tüte erbrach. Willkommen in Deutschland! Sie setzte sich noch für einen Moment auf eine Treppenstufe, um sich zu erholen, und in diesem Moment sah sie richtig elend aus. Aber das wenige Essen, die Reise, die Zeitverschiebung, die Sehnsucht nach ihrem Papa waren für mich weiterhin die Gründe ihres Unwohlseins. Ich hatte mich getäuscht, wie sich in den nächsten Stunden herausstellen sollte.

Nachdem wir die Riesenschlange an der Passkontrolle hinter uns gelassen hatten und unsere Koffer diesmal bei den ersten waren, stiegen wir ins Auto einer Freundin, die uns nach Hause fuhr. Dort angekommen, duschten wir alle erst mal ausgiebig und freuten uns, endlich wieder zu Hause zu sein. Meine Nachbarin hatte uns mit den nötigsten Lebensmitteln versorgt, und Tara wollte ich erst am nächsten Tag abholen. Carla fühlte sich weiterhin sehr schwach und müde, sie schlief ohne Essen am frühen Nachmittag ein. Hendrik und ich hielten auch nicht lange durch, und bald schliefen wir alle friedlich in unseren Betten und erholten uns von unserem Jetlag.

Mitten in der Nacht hörte ich, dass jemand in der Küche war, um etwas zu trinken. Selbst noch schlaftrunken, kam mir meine Tochter kreidebleich und schwach auf den Beinen entgegen und glühte wie ein Glühwürmchen. Sie hatte fast 40 Grad Fieber. Also nahm ich sie mit zu mir ins Bett und gab ihr ein Fieberzäpfchen. Ich wollte gleich morgens früh bei der Kinderärztin anrufen. Es gab eigentlich nur zwei Möglichkeiten, was Carla haben könnte. Meine Hoffnung war, dass es nur an einer Verkühlung lag, die sie sich vielleicht beim Schwimmen im Meer geholt hatte. Meine Befürchtungen gingen in dem Moment allerdings auch in Richtung Schweinegrippe. Trotz Wadenwickel und Zäpfchen sank das Fieber nicht.

Als ich gegen neun Uhr endlich die Praxis erreicht hatte, empfahl mir die Kinderärztin aufgrund der Symptome und da wir gerade aus den Staaten kamen, sofort mit Carla in die Uniklinik zu fahren, um sie dort testen zu lassen. In der Klinik angekommen, mussten wir klingeln, und als die Tür sich öffnete, kam uns eine Schwester mit Mundschutz und Handschuhen entgegen, die uns draußen höflich, aber bestimmt bat, erst den Mundschutz aufzusetzen, bevor wir das Gebäude betraten. Ehrlich gesagt ist das kein schönes Gefühl, man kommt sich in diesem Moment doch sehr ausgegrenzt vor. Wir sollten im Warteraum warten, bis die Kinderärztin sich um Carla kümmern könnte. Während ich noch ein Formular ausfüllte, rief die zuständige Kinderärztin meine Tochter auf. Sie ging mit uns den Zettel durch, schaute Carla in den Hals und hörte ihre Lunge ab. Danach kam der fiese Teil. Sie schob ihr ein überdimensional großes Wattestäbchen mit kleinen Borsten am oberen Ende nacheinander in jedes Nasenloch. Carla war echt tapfer, aber mir wurde übel beim Anblick. Jetzt hieß es abwarten. Meinen Mann hatte ich bis dahin noch nicht informiert, weil es bei ihm zum einen noch mitten in der Nacht war und ich zum anderen erst mal alle Ergebnisse wissen wollte, bevor er sich unnötig Sorgen machte. Allein zu handeln und auch zu entscheiden war ich mittlerweile gewohnt.

In acht Stunden sollte ein Ergebnis vorliegen, und die Klinik würde sich in jedem Fall melden, egal ob der Test positiv oder negativ ausfallen würde. Wir zwei sind dann mit Mundschutz wieder nach Hause gefahren und haben auf das Ergebnis gewartet. In der Zwischenzeit ging es Carla schon etwas besser, das Fieber war nicht mehr so hoch, aber ich konnte sie immer noch nicht dazu bewegen, etwas zu essen. Am frühen Abend rief die Klinik an, und als ich am anderen Ende „positiv" hörte, dachte ich echt, ich träume das alles hier. Ich war jetzt seit fünf Uhr morgens wach und litt selbst noch unter dem Jetlag. Durch die Sorge um Carla wurde mein Gefühlszustand zunehmend angespannter. Nachdem ich mit der Kinderärztin telefoniert hatte, entschied ich mich dafür, Carla stationär in die Klinik zu geben. Was das allerdings für Folgen hatte, konnte ich nicht ahnen. Meine Sorge, sie eventuell nicht schnell genug richtig behandeln zu können, falls es ihr schlechter gehen sollte, ließ mich diese Entscheidung treffen.

Fühlte ich mich sechsunddreißig Stunden vorher noch herrlich erholt und ausgesöhnt mit meiner damaligen Lebenssituation, fehlte mir mein Mann in diesen Stunden sehr. Sich die Sorgen teilen zu können bekam einen riesigen Stellenwert in dem Moment. Doch das Bewusstsein, die Situation allein zu meistern, ließ mich wachsen. Wir packten also schnell ein paar Sachen zusammen und fuhren wieder in die Uniklinik. Dort angekommen, wurden Carla und ich mit zwei heftigen Tatsachen konfrontiert. Erstens, dass die Abteilung eigentlich nur für Erwachsene war, und zweitens, dass wir uns auf dem Flur verabschieden mussten und ich sie die nächsten fünf Tage nur durch eine Glastür sehen durfte. Jetzt brach unser angespanntes Nervenkostüm komplett zusammen. Für Carla ein Horrorgedanke, allein gelassen zu werden und fünf Tage keinerlei Kontakt zu mir zu haben. Für mich, sie jetzt hier allein zu lassen unter all den maskierten, handschuh- und kitteltragenden Pflegern, Schwestern und Ärzten. Wir hatten keine Wahl, das Prozedere hieß Quarantäne, also kein Kontakt zu demjenigen, der positiv auf Schweinegrippe getestet wurde. Uns blieb das Handy in dieser Zeit ein treuer Freund, das wir beide vierundzwanzig Stunden am Tag anhatten, sodass wir uns per SMS oder Telefonaten auf dem Laufenden halten konnten.

Als ich Carla allein in der Klinik zurücklassen musste und mich wieder auf den Weg nach Hause machte, ging es mir richtig schlecht. Ich wusste, dass jetzt eine harte Zeit auf uns alle zukommen würde. „Zwangsgetrennt" zu sein ist viel schmerzhafter als geplantes, gewolltes, gut vorbereitetes Getrenntsein, wie wir es jetzt die letzten dreizehn Monate gelebt hatten. Ich suchte wie immer nach Positivem in dieser grässlichen Lage. Carla würde über sich hinauswachsen, weil sie es schaffen würde, allein zu sein.

Die Freundin, die uns vom Flughafen abgeholt hatte, rief ich an, sobald ich alle Ergebnisse hatte. Sie blieb ein paar Tage zu Hause, und zum Glück stellte sich heraus, dass sie sich nicht angesteckt hatte. Der zuständige Kinderarzt meldete sich spät am Abend und sagte mir, dass er Carla mit in die Kinderklinik genommen hatte, weil hier das Personal besser auf Kinder eingestellt sei und ich sie dort auf jeden Fall immer besuchen dürfte. Wie umfangreich das werden würde, wusste ich zu diesem Zeitpunkt noch nicht, aber ich war froh, sie überhaupt besuchen zu können.

Bevor ich erschöpft zu Bett ging, telefonierte ich mit Eckhard. Er hörte direkt an meiner Stimme, dass etwas nicht stimmte. Ich erzählte ihm von meinem Tag. Er war geschockt, aber auch stolz auf mich. Er machte sich natürlich Sorgen und wollte direkt am nächsten Morgen Carla im Krankenhaus anrufen. Wir entschieden, dass er vorerst nicht kommen sollte, solange sich die Situation nicht verschlechterte.

TIPP:
Glauben Sie in schwierigen Situationen an Ihre gewachsene Gelassenheit, haben Sie Vertrauen in Ihre Kraft, und bewahren Sie sich die Gewissheit, das Richtige zu tun.

Gemeinsam durch die Krise

In dieser Nacht schlief ich nicht viel und wurde morgens per SMS von meiner Tochter geweckt. Sie hatte sich zweimal übergeben, weil sie die Medizin nicht vertrug und seit fast zwei Tagen außer ein paar Salzstangen nichts Ordentliches zu sich genommen hatte. Es ging ihr schon etwas besser, sicher auch, weil sie jetzt auf der Kinderstation lag. Ich machte mich so schnell es ging auf den Weg zu ihr. Der Kinderarzt hatte ihr bereits gesagt, dass sie noch weitere fünf Tage im Krankenhaus isoliert liegen müsste. Wie das aussah, merkte ich schnell, als ich sie im Laufe des Vormittags besuchte.

Ich ging mit Schutzkittel, Mundschutz und Einmalhandschuhen durch eine separate Außentür direkt in Carlas Zimmer. Umarmungen, Küsse oder näherer Kontakt mit ihr sollten vermieden werden, deshalb diese Vorkehrungen. Sie brauchte keine weiteren Schutzmaßnahmen, da sie allein in ihrem Zimmer lag, und konnte sich frei darin bewegen. Sie hatte ihr Handy, mit dem sie uns auf dem Laufenden hielt. Und sie hatte einen eigenen Fernseher und konnte allein über die Fernbedienung herrschen, was ihr sichtlich Freude in dem tristen Krankenhausalltag bereitete. So verkleidet verbrachte ich mehrere Stunden bei ihr im Quarantänezimmer. Wir schauten gemeinsam fern, ich blieb bei ihr, wenn sie kurz schlief, Mittag- oder Abendessen bekam, wir spielten „Stadt, Land, Fluss" oder „Farbe, Beruf, Tier", „Schiffe versenken" oder auch „Galgenmännchen". Ich las ihr vor oder Carla mir. Sie fühlte sich inzwischen schon etwas besser und arrangierte sich damit, als der Arzt uns sagte, dass sie noch weitere Tage in der Klinik bleiben müsse, weil das die damaligen Vorschriften für die Quarantäne waren. Bis am nächsten Tag dann doch die emotionale Krise kam, mit der ich täglich gerechnet hatte.

Carla tut sich einfach schwer damit, nachts allein zu bleiben. Mir war klar, dass dies für sie eine schwer zu knackende

Nuss sein würde, aber sie musste das jetzt aushalten. Abends war es dann so weit. Ich war an diesem Tag bereits zweimal bei ihr in der Klinik gewesen und hatte mich nun auf den Heimweg gemacht. Sie schaute noch ein wenig fern und wollte danach schlafen. Als ich zu Hause war, rief ich Carla noch einmal an, um ihr eine gute Nacht zu wünschen. Aber an ihrer Stimme hörte ich schnell, dass irgendetwas nicht in Ordnung war. Und schon brach es aus ihr heraus: „Mir geht es gerade nicht so gut, und ich habe auch schon zweimal nach der Schwester geklingelt, aber keiner kommt zu mir." Weil sie isoliert lag, durfte sie nicht aus ihrem Zimmer, sondern war immer auf eine Gegensprechanlage angewiesen, die bis dahin gut funktioniert hatte. Nur diesmal offensichtlich nicht.

Ich beruhigte sie, fragte, was wehtat, ob sie wieder Fieber habe, aber sie konnte mir nur sagen, dass ihr übel sei. Ich hielt mit ihr am Handy Kontakt und wählte gleichzeitig die Nummer der Station über das Festnetz. Ich erzählte der Schwester von unseren Sorgen, und es dauerte keine halbe Minute, da war sie bei Carla im Zimmer. Fünf Minuten später rief ich wieder an, um zu hören, ob sich Carlas Zustand verschlechtert hätte. Aber die Schwester beruhigte mich und sagte, dass sie wohl eher Heimweh hatte und eben weiterhin auf das Medikament mit Übelkeit reagierte.

Als ich Carla zurückrief, war sie schon etwas entspannter, aber ihre Sorge davor, sich wieder übergeben zu müssen und so allein im Zimmer zu liegen, trieb mich an, ein drittes Mal an diesem Tag in die Klinik zu fahren. Dort angekommen, wieder in voller Montur, tröstete ich meine Tochter so gut es ging. Sie versuchte einzuschlafen, aber die Müdigkeit wollte sich nicht einstellen. Wir unterhielten uns über Belangloses und schauten noch ein bisschen fern. Nach einer Weile entschied ich mich, wieder den Heimweg anzutreten. Nur gut, dass Hendrik schon erwachsen genug war, dass ich ihn immer wieder für eine längere Zeit allein lassen konnte. Carla war sehr tapfer und hörte eine CD, als ich mit schlechtem Gefühl im

Bauch ihr Zimmer verließ. Ich wusste ja, dass sie traurig war, aber ich konnte nicht bei ihr übernachten, das ging nur für die kleineren Patienten im Krankenhaus.

Zu Hause angekommen, ging ich mit dem mulmigen Gefühl ins Bett und schrieb meiner Tochter noch eine motivierende SMS, die prompt mit folgender Nachricht beantwortete wurde: „Ich vermisse Dich so, dass ich weinen muss! Carla." Das traf mitten ins Mutterherz. Ich rief sie sofort an und versuchte, sie aus der Ferne zu trösten. Ich sagte ihr, dass wir beide da zusammen durchgingen, dass sie jetzt ruhig mal weinen sollte, dass sie nicht allein sei und noch ganz viele andere Kinder mit ihr dort im Krankenhaus lägen, dass die Schwester kommen würde, wenn es ihr wieder schlechter ging, und dass sie mich jederzeit anrufen könne, wenn irgendetwas in der Nacht passieren sollte. Carla beruhigte sich ein wenig, klang nicht mehr so traurig, ihr war auch nicht mehr so übel, und ihr Gähnen war bereits durchs Handy zu hören. Nach einer Weile beendeten wir das Gespräch und wollten nun beide schlafen, sie im Krankenhaus und ich zu Hause. Jeder war allein, und doch nicht.

Am nächsten Morgen war aller Kummer vergessen, und sie schrieb mir gegen halb acht schon, was ich noch alles mit ins Krankenhaus bringen sollte. Außerdem schickte sie mir Fotos, die sie mit ihrem Handy gemacht hatte. Carla im Bett, ihr Fernseher, ihre Dusche, ihr Waschbecken, der Tisch und der Stuhl und das Bett ohne Carla. Alles Anzeichen für mich, dass es ihr deutlich besser ging. Und dann kam ihr Vater sie auch noch überraschend besuchen.

Eckhard hatte durch die Telefonate keine Ruhe mehr in Arizona, hatte von ihrer emotionalen Krise natürlich auch etwas mitbekommen und wollte Hendrik und mich so gut es ging unterstützen. Meine anfängliche Sorge und auch Wut, weshalb Eckhard sich diesem Stress aussetzte und mir vielleicht doch nicht so viel Kraft zutraute, verflogen nach einem kurzen Gespräch miteinander. Er wollte auf keinen Fall damit zeigen, dass ich die Situation nicht auch wunderbar allein gelöst hätte, dessen war er sich auch aus der Ferne sicher. Die Worte hörte ich gerne und sie erfüllten mich mit Stolz. Denn ich wusste inzwischen sehr genau, wie gut ich allein zurechtkam. Und dass ich alles, mag es noch so heftig sein, schaffen würde. Nein, er kam „angeflogen", weil er es nicht mehr aushielt, nicht auch helfen zu können. Er wollte als ein Teil der Bewältigung dieser kleinen, familieninternen Krise dazugehören. Dafür hatte er sich gern ins Flugzeug gesetzt und neun Stunden Zeitverschiebung für drei Tage Aufenthalt in Kauf genommen.

Ich konnte ihn sehr gut verstehen, ich hätte mich doch auch auf den Weg gemacht, um das gemeinsam durchzustehen. Wir konnten uns mit den Krankenhausbesuchen abwechseln, um Carla bei Laune zu halten. Und abwechselnd kümmerten wir uns um Hendrik, Tara und den Haushalt. Dieses Wiedersehen war anders als die anderen, schon allein deshalb, weil es das kürzeste aller unserer Treffen war. Aber es war für jeden Einzelnen enorm wichtig. Für Carla, weil sie beide Elternteile zum Gesundwerden brauchte. Für Hendrik, weil er so die Aufmerksamkeit bekam, die er in dieser Situation benötigte. Für Eckhard, dem E-Mail und Handy als Beitrag zur Gesundung seiner Tochter aus der Ferne nicht gereicht hatten. Und für mich, da ich die Verantwortung teilen konnte.

Nachdem Carla drei aufeinanderfolgende negative Tests hatte, war damit auch die siebentägige Quarantäne für Hendrik und mich vorüber. Endlich konnte er sich wieder mit seinen Freunden verabreden und uneingeschränkt bewegen. Carla sollte noch weitere vier Tage keinen Kontakt zu anderen haben, durfte aber endlich zu uns nach Hause. Dort angekommen, blühte sie deutlich auf und war unendlich froh, wieder in ihrem eigenen Zimmer zu sein. Eckhard war bereits auf dem Weg zum Flughafen, und der Abschied war emotionsloser als die anderen davor. Denn es zählte nur, dass das Virus einen unkomplizierten Verlauf genommen hatte, alle gesund waren und diese Krise hinter uns lag. Das alles war diesmal wichtiger als der Trennungsschmerz. Wir wussten um unser Glück der Gesundheit, hatten aber dennoch nicht unmittelbar Einfluss darauf. Als Familie gemeinsam durch eine schwierige Zeit zu gehen machte mir die Wichtigkeit des Zusammengehörens klar. Wir waren einfach immer miteinander verbunden, auch wenn wir auf zwei Kontinenten lebten. Und diese Verbundenheit war ein wesentliches Rüstzeug für unseren gemeinsamen Weg in der Fernbeziehung auf Zeit.

TIPP:
Um unkompliziert eine außerplanmäßige Reise antreten zu können, vereinbaren Sie, soweit möglich, entsprechende Konditionen mit dem Arbeitgeber. Verfolgen Sie außerdem die aktuellsten Sonderaktionen von Airlines, Bahn- und Busunternehmen sowie Autovermietungen.

Eckhards Rückkehr naht

Nachdem Eckhard wieder gut in Arizona gelandet war, hatten die Kinder und ich noch ein paar Tage Ferien. Nach dem Schreck der Schweinegrippe war ich erst richtig in Deutschland angekommen. Eckhard beschäftigte sich mental mit seiner Rückkehr aus den Staaten. Er wollte unbezahlten Urlaub nehmen und würde früher als geplant in Deutschland zurück sein. Ich schnitt sofort vierzehn Zentimeter meines Maßbands auf einmal ab und blickte damit plötzlich auf nur noch fünfzig verbleibende Tage. Um ehrlich zu sein, hatte ich nach unserem wunderschönen Sommerurlaub und der Geschichte mit Carla im Krankenhaus nun immer weniger Lust auf mein Leben als „Single-Mum". Ich vermisste meinen Mann, und das anders als noch am Anfang unseres Getrenntseins.

In der Anfangszeit vermisste ich Eckhard überwiegend als den Vater meiner Kinder, den Hausmeister, Computer- und Telekommunikationschef, den Trocknerausräumer, Hundesitter, Gärtner und Autofachmann und vermutlich noch in mindestens zehn anderen Jobbeschreibungen, die gut auf ihn zutrafen. Ich stellte mit etwas Bauchweh fest, dass in den letzten Jahren, die Eckhard und ich überwiegend als Eltern verbracht hatten, jeder bestimmte Funktionen übernommen hatte, aber die wichtigste Verbindung zwischen uns immer mehr auf der Strecke geblieben war. Nämlich füreinander ein einfühlsamer, gesprächsbereiter, lebenslustiger, liebender und wichtiger Partner zu sein. Ich hatte mich durch die letzten dreizehn Monate so gut organisiert, dass es vielleicht in einigen Bereichen schwieriger werden würde zu akzeptieren, dass da jemand mitentscheidet und -bestimmt, dass aus unserer gut funktionierenden „Dreierfamilie" wieder eine Familie mit Vater, Mutter und zwei Kindern werden würde.

Andererseits würde es sicher schön sein, wenn ich mir zukünftig viele Aufgaben vornehmen und vor allem die Verantwortung mit meinem Mann teilen könnte. Das Allerschönste würde aber bestimmt sein, dass wir wieder ein liebendes Paar sein könnten. Dessen war ich mir ganz sicher. Wir zwei hatten nun die Riesenchance, durch das Getrenntsein unseren Ursprung, sprich uns als Paar, zu finden. Ich ziehe den Hut vor jeder Frau und jedem Mann, die es schaffen, weiter ein Paar zu bleiben, wenn sie als „Funktionseinheit" Eltern zusammen sind. Aber wenn ich mich in meinem großen Familien-, Freundes- und Bekanntenkreis mit offenen Augen und Ohren umschaue und -höre, geht es meiner Meinung nach vielen Paaren so, wie es uns ging. Man steckt in einem Lebensmodell, welches sich bewährt hat, weil es damit einfach rund läuft. Ich wollte aus diesem Modell ausbrechen, um mehr das zu machen, wozu ich Lust hatte. Weiter natürlich jederzeit Ansprechpartnerin für meine Kinder bleiben und mich um meine Arbeit kümmern. Aber der Schwerpunkt für mein Leben sollte zunehmend ICH werden. Lernen loszulassen.

Mir wurde immer klarer, dass ich, wenn ich mich wieder mehr um mich kümmern würde, damit glücklicher und zufriedener sein würde. Denn das war ich so nicht mehr, das wusste ich inzwischen. Ich wollte mehr eigenständige Frau und Partnerin sein als ausschließlich Mutter. Ich hatte Spaß am Schreiben und Recherchieren gefunden. Ich fand es spannend, meine Fortschritte zu verfolgen, freute mich über jeden noch so kleinen Erfolg und ließ mich durch Misserfolge nicht demotivieren. Im Gegenteil, sie spornten mich weiter an. Ich war dankbar für diesen Entwicklungsprozess, der mich inzwischen über ein Jahr begleitet hatte. „Diese Zeit stellt eine große Chance für Entwicklung, Veränderung und Neugestaltung der Persönlichkeit und der Partnerschaft dar. Durch den Freiraum entstehen auch eigene Möglichkeiten, das Leben neu zu gestalten und intensiv zu erleben", so Wendl dazu in seinem Buch. Entwicklung heißt in meinem Fall, viel Kraft durch mein Fernbeziehungsleben bekommen zu haben. Veränderung bedeutet, mich beruflich neu zu orientieren. Die neu gestaltete Persönlichkeit bekam ich durch das Riesenvertrauen in mich selbst und in unsere Partnerschaft.

Unsere Partnerschaft sollte wieder zum Lebensmittelpunkt werden, unsere Kinder waren es sowieso schon seit jeher. Deshalb sollte ein zweiter wichtiger Punkt hinzukommen: WIR als Paar und nicht mehr nur als Funktionseinheit Eltern. Ich war gespannt, ob es uns gelingen würde, wenn mein Mann wieder zurück in unser kleines rheinisches Städtchen kam. Ob ich immer an die Neugestaltung, die Veränderung und die Möglichkeiten für das „neue" Leben denken würde? Ich hoffte, dass wir nicht wieder in alte Schemata und Rituale fielen, wenn die erste Freude des Zusammenfindens vorbei wäre. Wie konnten wir die Möglichkeiten umsetzen? Wie das Ziel immer vor Augen halten, es besser oder anders zu machen als vor unserer freiwilligen Trennung auf Zeit? Dies erwartete ich mit Spannung, aber auch mit Vorsicht, da ich wusste, dass wir ganz schnell in alte Gewohnheiten fallen könnten. Es blieb ja genug Zeit, darüber in aller Ruhe nachzudenken, denn es trennten uns immerhin noch gut zwei Monate. Diese sollten jetzt mit Leichtigkeit zu ertragen sein, weil schon siebenmal so viele hinter uns lagen.

TIPP:
Tauschen Sie die „Funktionseinheit Eltern" gegen das „Liebespaar" ein.

„Ist die Zeit nicht schnell vergangen?"

Es wurde Herbst in Deutschland. Es war ein Donnerstag, draußen nieselte es, die Luft war mild, der Himmel jedoch grau. War es nicht noch vor einer Woche heiß mit warmen Sonnenstrahlen und blauem Himmel? Mein Maßband zählte nur noch zweiundzwanzig Tage, und ich konnte fast nicht glauben, dass mein „Singleabenteuer" mit unserem Dauergetrenntsein nun tatsächlich zum Ende kommen sollte. Mein Mann war für ein letztes Mal zu Besuch in Deutschland, um hier Termine wahrzunehmen, bevor er endgültig zurückkehrte. Die Fragen, die mir seit einiger Zeit Freunde und Familie immer wieder stellten, gingen mir an diesem Vormittag durch den Kopf: „Eigentlich ist die Zeit jetzt schnell vorbeigegangen, oder?", „Wie lange ist Eckhard schon weg? Vierzehn Monate? Das kommt mir gar nicht so lange vor." Ich musste innerlich oft schmunzeln, stellte aber im selben Moment fest, dass unsere Ziellinie tatsächlich kurz vor uns lag. Für Außenstehende ist die Zeit natürlich schnell vergangen. Denn was ist inzwischen eine Woche, ein Monat, ein Jahr? Gar nichts. Zeit hat etwas mit unserer persönlichen Wahrnehmung zu tun.

Deshalb teile ich diese vierzehn Monate gerne in Etappen: In den ersten drei Monaten verging die Zeit für mich rasend schnell, weil die Umstellung außerordentlich war. Ich hatte plötzlich viele neue Aufgaben und war Vollzeitmutter, sodass in dieser Phase die Wochen nur so verflogen. Dann kam der erste Amerikaurlaub bei meinem Mann, wo alles für uns neu war. Das Land Amerika, wie mein Mann dort lebte, und für die Kinder die komplette Reise mit allem Drum und Dran als Abenteuer. Die behalte ich als schöne Erinnerung in meinem Herzen, und dabei ist die Zeit viel zu schnell vergangen. Die folgenden Monate bis Weihnachten waren hektisch und einsam, denn irgendwie fehlte Eckhard in den düsteren Monaten des Novembers und den stimmungsvollen Wochen des Advents, daher war diese Zeit traurig und verstrich gefühlt langsamer.

Am Anfang des neuen Jahres, als wir aus den Staaten zurückkamen, war ich einerseits froh, eine Etappe hinter mir zu haben, hatte aber noch zehn Monate vor mir, und die erschienen mir damals endlos. Mein Alltag mit den Kindern hatte sich jedoch inzwischen gut eingespielt, da jeder seine Aufgaben kannte. Ich genoss die Freiheiten als „Single-Mum", entwickelte neue Kraft und Stärke. Auch mein Mann fühlte sich wohl in der Ferne, nicht zuletzt deswegen, weil er bei herrlichen Temperaturen fast ganzjährig mit seinem Motorrad durch die Wüste fahren konnte, während wir hier in Deutschland den kältesten Winter seit Jahren hatten. Die Wochen vergingen, und wie schon beschrieben gewöhnten wir uns ans Getrenntsein. Wir sahen uns zwischen Januar und den Sommerferien immer nur für eine Woche, wenn Eckhard nach Deutschland kam. Eine Woche, die wichtig war, um die Abstände nicht zu groß werden zu lassen, die aber nie reichte, um alle „satt" zu machen. Im Gegensatz dazu waren wir mitunter bis zu acht Wochen voneinander getrennt, da kam mir die Zeit manchmal wie eine Ewigkeit vor.

Die Sehnsucht nach meinem Partner, die fehlenden Gespräche, das „Verlassenheitsgefühl, Einsamkeit, Hilflosigkeit und Gefühl des Ausgeliefertseins und des Funktionieren-Müssens", sind die treffenden Worte Peter Wendls zu diesem Gefühlszustand. Die vier Wochen, die wir im Sommer gemeinsam in den USA verbrachten, waren sehr kostbar und für uns wertvoller als alles andere. Nur leider verstrichen auch sie deutlich schneller als zum Beispiel vier Wochen Alleinsein. Mein Mann und ich haben festgestellt, dass wir die ersten zwölf Monate diese Form von Beziehung, in der wir damals steckten, gut leben konnten, die letzten drei Monate nach unserem vierwöchigen Beisammensein aber nur noch mit deutlich weniger Freude zum Durchhalten schafften. Diese

Wochen von den Sommerferien bis zur Ankunft Eckhards in Deutschland verstrichen gefühlt wirklich wie die letzten Wochen meiner Schwangerschaften, in denen ich auch nur noch auf den Tag der Geburt wartete.

Wenn man in so einer Lebenssituation steckt, erlebt man sie anders, als man sie im Vorfeld oder als Außenstehender einschätzt. Denn da klaffen Vorstellung und Erlebtes stark auseinander. Als wir uns für eine Fernbeziehung entschieden, ahnte keiner von uns, wie es werden würde. Keiner konnte sich die Situation auch nur annähernd vorstellen. Dennoch wollten wir es versuchen. Es war nicht der Wunsch, getrennt zu sein, sondern zum einen die Neugier und die Bereitschaft beider Partner, sich auf eine Beziehung auf Distanz einzulassen. Und zum anderen die berufliche Herausforderung eines jeden Einzelnen.

Ich habe dadurch viele Erfahrungen gesammelt und viel gelernt: wie wichtig mein Mann für mich ist, wie unwichtig viele Kleinigkeiten sind, wie bedeutend richtige Kommunikation ist, wie wertvoll beide Partner in einer gut funktionierenden Beziehung sind, wie schön es ist, die eigene Stärke kennenzulernen, wie klar unsere gemeinsamen Lebensziele sind, wie ernsthaft jeder Einzelne seine Ziele verfolgen kann, dass Respekt, Vertrauen und Liebe wichtige Pfeiler für unsere Beziehung sind und vermutlich schon immer waren, nur ein wenig vergraben im Laufe der Jahre, und wie viel Zeit jeder für sich hatte, um daraus das zu machen, was für ihn oder sie wirklich zählt.

Was wir mit der für uns zur Verfügung stehenden Zeit anfangen, haben wir nicht immer selbst in der Hand. Aber es ist auch nicht so, dass ausschließlich andere darüber bestimmen. Zeit ist, so finde ich und höre es auch ganz oft in unserem Familien- und Freundeskreis, ein hohes Gut in unserer hektischen, medien- und konsumorientierten Welt. Ich hatte auch nicht immer viele Stunden für mich, als ich die fünfzehn Monate allein mit den Kindern die Fernbeziehung gelebt habe. Aber ich habe gelernt, mir meine Zeit wieder besser und für mich zufriedenstellender einzuteilen. Glauben Sie mir, liebe Leserin, lieber Leser, Sie haben mehr Zeit, als Sie im Moment sehen. Schalten Sie alles Unnötige aus, bleiben Sie bei sich, spüren Sie ganz tief in sich hinein, und dann hören Sie sich selbst aufmerksam zu. Sie werden erstaunt sein, was Sie über sich erfahren. Deshalb gibt es an dieser Stelle keinen Tipp, sondern ein paar Fragen.

FRAGEN:
Was ist Zeit für mich?
Wie sinnvoll oder unsinnig verbringe ich meine Zeit?
Wer oder was stiehlt mir Zeit?
Wann habe ich Zeit nur für mich?
Wo finde ich Zeit?
Warum habe ich oft gar keine Zeit?

Das Ende ist in Sicht

In den letzten Wochen bevor Eckhard aus den Staaten zurückkommen sollte, bestimmten besonders zwei Gefühle mein Leben: ein wenig Trauer und große Freude. Mit etwas Wehmut nahm ich Abschied von meinem „Singleleben" und verabredete mich sooft es ging mit meinen Mädels, worüber meine Kinder schon staunten, denn so verbrachte ich deutlich weniger Zeit mit ihnen. Aber es schadete ihnen nicht, im Gegenteil, sie fingen an es zu genießen, weniger „beobachtet" zu werden. Außerdem wollte ich mich dringend ablenken, damit die letzten Wochen bloß noch schneller vergingen. Denn ich spürte auch immer wieder eine große Kraftlosigkeit in mir.

Dieses Funktionieren über die letzten vierzehn Monate war unter anderem ein großer Kraftakt. Deshalb fühlte ich mich an manchen Tagen in dieser Phase müde, schlapp und antriebslos. Auf der anderen Seite wuchs, wenn ich ganz still bei mir war, die Freude darauf, dass es tatsächlich bald zu Ende sein würde mit dem Getrenntsein und dass Eckhard wieder hier wäre. Manchmal konnten wir es gar nicht glauben, dass wir fast eineinhalb Jahre hinter uns gebracht hatten.

Carla sagte in diesen letzten Wochen vor Eckhards Rückkehr mal zu mir: „Mama, eigentlich habe ich mich jetzt daran gewöhnt, dass wir ohne Papa sind, und es wird bestimmt komisch, wenn er wieder da ist." Vermutlich hatte sie recht mit diesen Worten. So sehr wir uns alle auf Eckhard freuten, schlich sich bereits ein Gefühl der kommenden Veränderung ein. Tief im Inneren war mir klar, dass wir uns zusammenraufen würden. Jeder würde wieder seinen Platz in unserer kleinen Gesellschaft finden, aber durch die erlebten Situationen und die Veränderungen im jeweiligen Alltag anders als vor Amerika. Das erwartete ich mit Spannung und Neugier, und so rückte der Tag der Ankunft meines Mannes in Deutschland näher.

TIPP:
Bereiten Sie sich darauf vor, dass es zu Veränderungen im Paar- und Familiensystem kommen wird, und sehen Sie diese als Chance.

Alles ist gut

Vor fünfzehn Monaten hatte unsere Fernbeziehung begonnen, und sie endete an diesem Vormittag. Auf dem Weg zum Flughafen hatte ich Schmetterlinge im Bauch, so sehr freute ich mich auf meinen Mann. Die Kinder und der Hund machten bei meinen Eltern ein paar Tage Urlaub. Eckhard und ich wollten die erste Zeit für uns allein haben. Eine wichtige, richtige und erwachsene Entscheidung, wie wir fanden, denn wir hatten fünfzehn Monate auf vieles Rücksicht genommen und wollten diese erste gemeinsame Zeit intensiv für uns beide erleben. Im Buch von Peter Wendl fand ich Folgendes dazu: „Der Idealfall für die Partnerschaft wäre es ... sich zunächst auf sich selbst als Paar zu konzentrieren – an einem neutralen Ort, ohne all die äußeren Einflüsse, Ablenkungen und sonstigen Rahmenbedingungen von zu Hause." Neutraler Ort war in unserem Fall unser Zuhause. Die äußeren Einflüsse (sprich unsere Kinder) und die Ablenkungen (unser Hund) wurden „entfernt" und die Rahmenbedingungen (wir sind nur auswärts essen gegangen) geschaffen.

Als ich endlich einen Parkplatz gefunden hatte und aus dem Aufzug stieg, stand Eckhard bereits nach mir suchend mit seinem Gepäck in der Ankunftshalle. Es gab kein kinokitschiges Wiedersehen mit Blumen und „Welcome-back"-Girlande, sondern nur uns zwei, die sich fast noch verpasst hätten. Das, was zählte, war, dass er nach der langen Reise gesund und glücklich wieder hier war. Und bevor wir alles ins Auto packten, hielten wir uns eine halbe Ewigkeit in den Armen. Dieses Treffen war einzigartig, weil nicht im Hintergrund schon der ansonsten immer drohende Abschied lauerte, und das machte es zu einem großartigen Wiedersehen.

Auf der Heimfahrt unterhielten wir uns über das Übliche: Wie war der Flug, was machen die Kinder, was gibt es Neues? Eigentlich wollten wir aber nur so schnell es geht nach Hause, um das nachzuholen, was uns seit Wochen fehlte. Nämlich die Nähe des anderen, ihn zu spüren, zu riechen und zu fühlen. Allein für diese Gefühle, die wir in dieser Zweisamkeit immer wieder erlebten, lohnt es sich, auch mal vier, sechs oder gar acht Wochen ohne den anderen zu sein. Das kann kein Alltag der Welt schaffen, sich so nahe zu sein. Wir schliefen in dieser ersten gemeinsamen Nacht beide so tief und entspannt wie schon lange nicht mehr.

Am nächsten Tag frühstückten wir ausgiebig, lasen dabei die Tageszeitung komplett durch. Wir gingen shoppen, mittagessen bei unserem Lieblingsitaliener, ins Kino und danach noch auf ein Bier ins Brauhaus. An einem einzigen Tag schafften wir all das, was wir sonst, wenn es gut läuft, nur verteilt über einen Monat machen können. Die weiteren zwei Tage, bevor mein Mann die Kinder wieder bei meinen Eltern abholen sollte, verbrachten wir mit viel Nähe und intensiven Gesprächen. Aber auch mit Freiräumen, so ging ich zum Sport und Eckhard traf sich mit Kollegen. Es sollte ein WIR geben, wo wir Dinge machen wollten, die uns beiden gefielen. Aber es entstand auch ein ICH, in dem jeder das machte, was ihr oder ihm wichtig war. Das war ein Anfang und, so glaubte und glaube ich, die wichtigste Erkenntnis für uns während und vor allem nach dieser gesamten Zeit des Getrenntseins.

Es gibt ein WIR mit den gleichen Zielen und demselben Lebensmodell, und es gibt das ICH, in dem jeder Partner gleichberechtigt „sein Ding" macht. Das war uns in den letzten Jahren verloren gegangen. Letztendlich sicher auch, weil wir es uns in der Rolle als Funktionseinheit Eltern zu gemütlich gemacht hatten. Vielleicht ist das ein Schlüssel zu dem Thema „Eltern wissen nichts mehr mit sich anzufangen, wenn die Kinder das Nest verlassen". Zu dem Zeitpunkt der Nestflucht erst damit anzufangen, sich selbst etwas zu suchen, was nicht in den Bereich der Kindererziehung und Verantwortung fällt, könnte vielleicht zu spät sein. Wenn Ihre Kinder in der Mitte der Kindheit sind, sind Sie in der Mitte

Ihres Lebens und damit genau in der Lebensphase, in der es wieder Spaß machen kann, mit etwas Neuem zu beginnen. Wenn man sich dessen rechtzeitig bewusst wird, hat man noch alle Zeit der Welt, sein ICH wieder zu pflegen. Vielleicht vergleichbar mit einer Pflanze, die etwas unbeachtet und vertrocknet in der Ecke stand, aber schnell mit Wasser und dem richtigen Licht erneut erblüht.

Trennung auf Zeit kann durchaus etwas Positives sein, nur sieht man dies vorher nicht, weil man es nicht weiß. Aus meiner Erfahrung heraus kann ich Ihnen ruhigen Gewissens Mut machen für eine solche Entscheidung. Für den Moment jetzt war alles gut. Es fühlte sich wunderbar an zu wissen, dass mein Mann bleibt. Die Verantwortung konnte endlich wieder geteilt werden. Meine Schultern mussten nicht mehr alles allein stemmen. Dafür war ich sehr dankbar. Für die Gewissheit, es gibt da jemanden, der mit mir gemeinsam in die für uns richtige Richtung läuft. Der mich tröstet, der mich stärkt, der mich so lässt, wie ich bin, der stolz auf meine Leistung ist, der dankbar ist, dass ich ihm diese Chance gelassen habe, der mich liebt mit all meinen Fehlern und Macken, und den ich auch so liebe, wie er ist. Ein Mensch mit Ecken und Kanten, der immer auch ein Individuum bleiben wird und mich dabei eines bleiben lässt. Und mit dem ich trotzdem eine Einheit werden kann, wenn wir beide es wollen.

TIPP:
Peter Wendl: „Gerade nach langen Trennungen berichten Paare, dass beispielsweise ein gemeinsames Partner-Wochenende eine riesige Chance für ein entspannteres Wiedersehen und damit auch für die Beziehung selbst bietet." Dem kann ich uneingeschränkt zustimmen.

Was übrig bleibt

Bevor sich meine Geschichte so langsam dem Ende entgegenneigt, möchte ich noch ein Kapitel einfügen, welches nur indirekt mit unserer Fernbeziehung zu tun hat. Vielmehr geht es mir um mein erlangtes Bewusstsein, wie ich in Zukunft mit meiner verbleibenden Lebenszeit umgehen werde.

In dem Buch „Das Glück der Pellkartoffeln. Vom Luxus der Zufriedenheit" von Sabine Asgodom und Siegfried Brockert gefiel mir eine Stelle besonders gut. Asgodom erzählt dort von einem Kollegen, der auf der Bühne einen Vortrag über die verbleibende Lebenszeit mithilfe eines Zollstocks hält. Die zu erwartende Lebenszeit eines Menschen liegt bei etwa achtzig Jahren. Genau an dieser Stelle sollte man den Zollstock abbrechen, um dann mit einem Stift die Zahl des momentanen Alters zu markieren.

Ich legte sofort das Buch beiseite, kramte in meiner Küchenschublade und fand zwischen Zettelwirtschaft, Teelichtern und diversem Kleinkram den Holzzollstock. Ich brach das Stück an besagter Stelle ab und markierte fett die 44, mein eigenes Alter. Lediglich sechsunddreißig Zentimeter blieben in meinen Händen liegen. Das schien mir nicht gerade viel zu sein, denn es lag bereits mehr Zeit hinter als vor mir. In diesen vielen Jahren ist einiges passiert, und ich habe auch gar nicht so bemerkt, wie ich älter geworden bin. Es gab abwechselnd immer wieder anstrengende und erholsame, aufregende und kritische Phasen in diesen vier Jahrzehnten. Ich spürte, dass sich eine wunderbare Zufriedenheit in mir ausbreitete, eine zunehmende Sorglosigkeit aber auch Achtsamkeit reihten sich dazu. Auf die kommenden drei Jahrzehnte blicke ich voller Neugier mit Mut, Zuversicht und dem festen Glauben, das Richtige zu tun. Diese Kräfte hatten mich hervorragend durch die Monate als Fernbeziehungsliebende gebracht. Und ich halte sie sicher in meinem Herzen für mein restliches Leben. Ich glaube fest daran, noch viele gute Jahre erleben zu können, auch im hohen Alter. Mit der Achtsamkeit für meinen Körper, einer gewissen Gelassenheit und einem guten sozialen Netzwerk werde ich meinen Teil dazu beitragen. In meiner ersten Lebensphase bin ich als junger Mensch überwiegend unbeschwert meinen Weg gegangen. Die zweite Phase lebe ich in einer erfüllten Partnerschaft, als berufstätige Mutter mit vielen Verpflichtungen im Alltag und dem Bewusstsein, wunderbare Menschen an meiner Seite zu haben. In der dritten Lebensphase ist man vielleicht wieder freier, frei im Denken, frei im Handeln, freier von vielem, was einen vorher eingeschränkt hat. Die wiedererreichte Unbeschwertheit gepaart mit dem großen Schatz an Lebenserfahrungen und den erlangten Erkenntnissen sind, so glaube und hoffe ich, ein gutes Rüstzeug für das letzte Lebensdrittel.

Übrigens sucht Eckhard seit dieser Zeit vergeblich seinen Zollstock. Schatz, du bekommst Weihnachten einen neuen, versprochen!

Integrationsphase

Inzwischen war Eckhard bereits einige Wochen wieder zu Hause, und wir waren fast in demselben Alltagstrott wie vor Amerika. Jeder wuselte vor sich hin. Wir befanden uns noch in einer gewissen Umstellungsphase, bis jeder in der Familie wieder seinen Platz gefunden hatte. Vergleichbar mit den ersten Wochen der Trennung, als wir uns an die neue Lebenssituation gewöhnen mussten. Intensive Gespräche wurden kaum geführt, weil noch keiner offen dafür war. Obwohl die gerade zu Anfang der „Wieder-aneinander-gewöhnen-Phase" so wichtig sind. Jedes Familienmitglied hielt unbewusst an seiner Rolle fest, und wir konnten uns nur langsam davon lösen.

Ich war es gewohnt, ohne Absprache zu entscheiden und zu handeln. Mein Tag war durchstrukturiert mit Job, Kindern und Haushalt. Unser Sohn war in seiner Rolle als „Mann im Haus" verantwortlich gewesen und hatte alles stolz getragen. Nun war er aber trotzdem froh, sie wieder an seinen Vater abtreten zu können beziehungsweise sie sich mit ihm zu teilen. Hendrik war so gereift in dieser Zeit, dass er den Status gar nicht so ganz aufgeben wollte und sollte. Unsere Tochter Carla brauchte sich inzwischen nicht mehr so viele Sorgen um ihren Vater zu machen, da er jetzt jeden Abend nach Hause kam und sie dann wusste, dass es ihm gut ging. Sie hatte gelernt, dass Kummer vorbeigeht und man auch traurige Phasen des Lebens aushalten kann.

Mein Mann, glaube ich, fühlte sich die erste Zeit noch ein kleines bisschen als Gast in seinem eigenen Haus. Erkennbar überwiegend daran, dass er sich nicht unmittelbar angesprochen fühlte, wenn es irgendwo „brannte". Der Fernbeziehungsexperte Peter Wendl schreibt dazu: „Schließlich sollte zwischen dem Paar geklärt werden, wie – und dass – sich Aufgaben, Rituale, Zuständigkeiten, Rollen, Verhältnisse (Relationen) und Kompetenzen während der Trennungszeit verändern können."

Wir wollten vermehrt miteinander kommunizieren. Mehr und anders als wir dies vor dem Getrenntsein taten. Wir besprachen jede Woche aufs Neue, was anlag, klärten ab, wer zu welchem Elternabend gehen konnte und mochte, wer wann allein verabredet war oder wann wir als Paar etwas unternehmen wollten. Die Wochenenden wurden separat geplant, immer auch zusammen mit den Kindern. Es wurde einfach mehr miteinander besprochen, jeder einbezogen in die Bewältigung des Alltags, aber auch in die Freizeitgestaltung. Gerade Letzteres galt es besonders zu pflegen in einer Zeit, in der jedes Familienmitglied stark eingebunden in Job oder Schule war.

Die anstehenden Aufgaben im Haushalt wurden so aufgeteilt, wie es die Zeit jedes Einzelnen zuließ. Die Erwartungen, die oft daran geknüpft sind, gab es aber nicht mehr. Dadurch entspannte sich die Situation enorm, denn wo es keine Erwartungen gibt, kommt es auch zu keinen Enttäuschungen. Habe ich schon vor unserer fünfzehnmonatigen Trennung versucht, dies in unseren Alltag einzubinden, so gelingt es mir heute besser. Auch die Rollenverteilung war klar: Der Elternteil, welcher die meiste Zeit mit den Kindern verbringt, bleibt Hauptansprechpartner. Das war vorher so und hat sich nach dieser Zeit auch nicht geändert. Nicht die Quantität an Zeit, die wir unseren Kindern schenken, ist wertvoll, sondern die Qualität, wie man sie gemeinsam verbringt. Und wenn Eckhard einen Tag mit ihnen verbringt oder auch nur ein paar intensive Stunden für sie hat, entschädigt sie das für die vielen Stunden ohne ihren Vater.

Fürs Erste hatten wir uns wieder gut aneinander gewöhnt, auch weil es herrlich war, wieder jeden Tag gemeinsam am Esstisch zu sitzen, sich dabei auszutauschen und um die Nähe des anderen zu wissen. Wenn man etwas verloren hat und es dann wieder zurückerhält, weiß man erst richtig, wie sehr man es vermisste. Und wir wussten, dass wir etwas Wundervolles wiedergefunden hatten, nämlich uns als Paar, als Familie und jeder sich selbst als Individuum.

TIPP:
Nach der Rückkehr sollten Sie neue Absprachen miteinander treffen, Aufgaben verteilen und die Zuständigkeiten klären.

Schaffe ich es, die gewonnenen Erkenntnisse umzusetzen?

Wie schafft man es, die gewonnenen Erkenntnisse tatsächlich auch im Alltag umzusetzen? Schaffen Sie das immer? Wenn ja, dann gebührt Ihnen mein Respekt. Denn mir fällt das schwer, weil es sehr von meinen Stimmungen abhängig ist. Was ist das dann? Kindisch, undiszipliniert, schwach oder einfach nur feige? Die neuen Erkenntnisse wollte ich nach der Zeit des Getrenntseins in unseren Alltag integrieren. Anfänglich gelang mir dies auch noch hervorragend, aber nach mehreren Wochen hatte ich das Gefühl, dass ich in einigen Punkten bereits gescheitert war. Eigentlich ein schreckliches Wort, aber im Hinblick auf den folgenden Änderungsbedarf zutreffend.

Wir nehmen uns immer so viel vor. Halten, wenn wir gut sind, vielleicht fünfzig Prozent davon durch, wie zum Beispiel bei den guten Vorsätzen fürs neue Jahr. An schlechten Tagen schaffen wir es aber noch nicht einmal, mit irgendeinem Vorsatz anzufangen. Wie bei einer Diät, bei der die erste Woche noch nach Plan gekocht wird und man in der nächsten Woche über die Schokolade herfällt. Wie gesagt, ich weiß, dass es durchaus Menschen gibt, die das konsequent durchziehen, und diese haben meine ehrliche Anerkennung. Aber genauso ist mir eine große Zahl an Leidensgenossen und -genossinnen bekannt, die eben nicht so diszipliniert durchs Leben gehen. Hilfreich kann es doch für diese Menschen sein, sich wenigstens an den guten Tagen an ihre erlangten Erkenntnisse zu erinnern, um sie umzusetzen und dann schulterklopfend und zufrieden mit sich im Reinen zu sein.

Eckhard und ich mussten uns erst bewusst werden, dass es viel Zeit und vor allem Geduld bedarf. Wir waren nicht mehr dieselbe Frau und derselbe Mann wie vor unserer Trennung auf Zeit. Dazu Wendl: „Eine besondere Belastung ist dabei, dass die Zeiten für das ‚Schweigen-Wollen' und ‚Sprechen-Wollen' bei Frauen und Männern oft stark voneinander abweichen können. Diese Hürde gilt es langfristig zu überwinden. Geduld haben, Zeit lassen und wissen, dass das neue Zusammenfinden nicht sofort, sondern als langsamer Prozess vor sich gehen wird, ist dafür eine wichtige Voraussetzung." Diese Zeilen trafen genau auf das zu, was in mir vorging. Auf Fragen von Freunden, wie schön es denn jetzt sei, dass wir nun alle wieder eine Familie seien, konnte ich nicht immer freudestrahlend antworten.

Natürlich war es weiterhin ein wunderbares Gefühl zu wissen, dass mein Mann nicht mehr so weit von mir entfernt lebte. Und gerade unser erstes Wiedersehen war schön und unheimlich wichtig für unsere Beziehung. Wendl: „Es stürmen nach dem Wiedersehen oft viele Erwartungen und Verpflichtungen auf beide Partner ein. Deshalb ist es eine große Chance, sich zunächst einige Zeit ‚nur für sich und die Beziehung zu schenken'." Nehmen Sie sich diese Zeit. Sie ist unglaublich wichtig. Auch um das „Wir-Gefühl" maßgeblich zu festigen. Denn im Alltagschaos geht es immer wieder verloren.

Nach unserem Paarwochenende haben wir noch ein schönes Fest gefeiert mit lieben Menschen, die uns durch die Zeit begleitet und unterstützt haben. Außerdem haben wir als Familie verschiedene Ausflüge gemacht, weil es uns ein Bedürfnis war, nachzuholen, was die letzten Monate nicht möglich war. Das fand ich enorm bedeutend für das „Familien-Wir-Gefühl". Aber nach diesen ersten Wochen der „Wiederannäherungsphase" haben wir uns auch eine Pause gegönnt. Wir brauchten Ruhe. Wir wollten uns annähern an den guten, aber auch den weniger guten Tagen. Selbst wenn wir gerne wieder zum normalen Alltag übergegangen wären, wir brauchten Zeit und Geduld. Wenn man neun Monate schwanger war und plötzlich ein neuer Mensch zu der Partnerschaft hinzukommt, ist auch nichts mehr, wie es einmal war. Bei meinem Mann und mir ist kein neuer Mensch dazugekommen, aber aus uns sind vielleicht zwei neue Menschen geworden. Die hieß es wieder zu einem eingespieltem Team werden zu lassen. Dass das noch andauern würde, wurde immer klarer.

Die kleinen Veränderungen, die jeder in seiner Persönlichkeit während des Getrenntseins durchlebt hatte, mussten wir nun mit den bewährten Gemeinsamkeiten verbinden. In der Summe eine Riesenchance für einen Neuanfang, gegen den ich nichts habe, im Gegenteil, ich finde das richtig klasse. Durch den Abschied von Altem schaffe ich mir Platz für Dinge, die mir vorher nicht so präsent waren. Sicherlich würde die Umsetzung meiner erlangten Erkenntnisse langsam reifen, denn ich merkte, dass ich noch Zeit brauchte, mich neu in meiner Partnerschaft zu finden.

Eckhard und ich hatten eine tiefe Verbundenheit durch unsere langjährige Beziehung, und wir hatten weitere gemeinsame Ziele vor Augen. Diese Basis mit all den bewährten Ritualen galt es mit dem Neuanfang wiederherzustellen. Wir wollten daraus ein starkes Band wachsen lassen, welches trotz vielleicht noch aufkommender Sturmböen nicht reißen sollte. Ob das nun noch Tage, Wochen oder Monate brauchen würde, spielte für mich keine Rolle mehr. In mir machte sich ein Gefühl der Entspanntheit und Gelassenheit breit, und damit konnte ich mich gut auf die kommende Etappe in unserem Lebensglück einlassen. Ich nahm mir jetzt alle Zeit und Geduld für die Veränderung, die ich in der Partnerschaft mit meinem Mann brauchte. Waren wir also doch nicht gescheitert? Wollten wir nur etwas schneller bewegen, als es sich tatsächlich bewegen ließ? Manchmal gehen Dinge einfach nicht so voran, wie wir es gerne hätten. Dann ist die Zeit dafür noch nicht reif. Alles im Leben hat einen Grund.

TIPP:
Die Veränderungen des Paar- und Familiensystems brauchen Zeit und Geduld.

Möglichkeiten einer Fernbeziehung

Während ich dieses Buch schrieb, habe ich von vielen Beispielen gehört, wie Familien eine Fernbeziehung managen. Bei einer uns bekannten Familie ging zum Beispiel der Mann allein nach Spanien, seine Frau (selbstständig) und die gemeinsamen Kinder lebten weiter in Deutschland, eine Wochenendbeziehung innerhalb Europas kam auf sie zu. Bei einer anderen Familie ist der Mann drei- bis viermal die Woche geschäftlich unterwegs, und seine Frau bewältigt ihren Job und die Kinder allein. Ein weiteres Modell der Fernbeziehung lebte eine Familie mit pubertierenden Kindern, indem der Vater erst ein halbes Jahr allein nach Asien ging, die Familie dann ein Jahr gemeinsam mit ihm dort verbrachte und das letzte halbe Jahr wieder getrennt lebte.

Ich glaube, dass die ganz klassische Lösung wie „Mann oder Frau arbeiten dreißig Jahre bei der gleichen Firma, ohne mobil sein zu müssen" für viele Familien und Paare nicht mehr so gilt. Genauso wie es immer mehr Frauen gibt, die nicht alles stehen und liegen lassen, weil der Partner eine neue Aufgabe erhält. Deutlich möchte ich an dieser Stelle machen, dass es natürlich nur jede Familie ganz individuell für sich entscheiden kann. Und dass die Männer oder Frauen, die ihre mobilen Partner aus voller Überzeugung begleiten, genauso meinen Respekt verdienen wie die, die sich anders entscheiden. Jeder sollte glücklich sein mit der getroffenen Entscheidung und nichts tun, damit es ausschließlich dem Partner und den Kindern gut geht.

Mit den Rahmenbedingungen, die in einer Fernbeziehung entstehen, lernt der Mensch umzugehen. So waren diese bei uns für fünfzehn Monate ein Leben zwischen Deutschland und Amerika mit versetzten Tages- und Nachtzeiten. Die vielen neueren Kommunikationsformen wie E-Mail, Handy und Internettelefonie, die häufigen Flugverbindungen zwischen Amerika und Europa bauten für uns viele Brücken, damit so ein Abenteuer Platz in unserem Leben finden konnte. Ich glaube und ich hoffe sehr, dass es immer mehr Facetten der Beziehungsform gibt, dass jedes Paar, jede Familie so leben kann, wie es für sie gerade richtig erscheint. Dass es keine Unkenrufe gibt, wenn man sich auf das Abenteuer Fernbeziehung einlässt.

Mobilität wird immer stärker auf dem Arbeitsmarkt gefordert, also warum sich nicht schon rechtzeitig von alten Mustern verabschieden. Je früher man sich einer neuen Situation stellt, umso leichter fällt die Umsetzung.

Ich werde, seit mein Mann zurück ist, häufig gefragt: „Und muss Eckhard denn bald wieder weg? Würdet Ihr das noch mal so leben?" Vielleicht wird er tatsächlich irgendwann noch mal ein Angebot im In- oder Ausland annehmen, und dann würden wir mit großer Wahrscheinlichkeit noch mal als „verheiratete Singles" an zwei unterschiedlichen Wohnorten leben. Ich brauche das nicht unmittelbar nach unserer Fernbeziehung, aber wenn wir noch einmal vor dieser Situation stehen, werden wir uns wieder zusammensetzen und in Ruhe unsere Entscheidung treffen.

Ich denke, man kann sich nicht nur zurücklehnen und hoffen, dass schon alles gut geht. Besser kann es sein, sich immer wieder neu den entsprechenden Situationen zu stellen. Dann macht man schon intuitiv das Richtige. Wer kann besser als Sie selbst entscheiden, wo es lang geht? Vielleicht müssen wir alle erst wieder lernen, uns mehr auf uns selbst zu verlassen (Respekt all jenen, die das bisher immer schon geschafft haben). Und wenn gar nichts hilft im Kampf der Entscheidungen, dann schreiben Sie es auf, so wie ich es hier getan habe. Denn: „Schreiben heißt sich selber lesen" (Max Frisch).

TIPP:
In Zeiten, in denen die Arbeitsmarktsituation den Beschäftigten immer stärkere Mobilität abverlangt, ist es hilfreich, sich für eine Fernbeziehung zu öffnen.

Zuständigkeiten, Rituale und sieben Minuten tägliche Kommunikation

Neun Monate war Eckhard inzwischen wieder bei uns. Mit Geduld und einer gewissen Entspanntheit erlebten wir eine Phase, in der sich gemeinsame Aufgaben und Rituale gut eingespielt hatten. Jeder kannte seine Zuständigkeiten, die sich nur wenig von denen vor der Zeit des Getrenntseins unterschieden. Autos, Garten, Motorrad, Roller und Fahrräder lagen in Eckhards Bereich. Ich fühlte mich für den Haushalt und die Verabredungen mit Freunden verantwortlich. Was nicht heißen soll, dass Eckhard nicht auch schon mal die Wäsche aufhängte und ich Luft in die Reifen unserer Fahrräder pumpte.

Seine Zuständigkeit in einer Partnerschaft zu kennen, erleichtert das Zusammenleben. Trotzdem den Blick dafür zu behalten, wo gerade etwas dringend erledigt werden muss, macht sicher eine gut funktionierende Beziehung aus. Auch waren die Rituale, die jede Familie für sich pflegt, schnell wiederhergestellt. Unser erstes Weihnachtsfest nach Amerika feierten wir mit Gänsebraten, Kirchgang, Freunden und nur einmal Bescherung.

Auch zog der Alltag wieder bei uns ein. Jedes Familienmitglied hatte seinen Verantwortungsbereich, und wir versuchten, bei wenigstens einer gemeinsamen Mahlzeit am Tag uns gegenseitig auf dem Laufenden zu halten. Die Wochenenden verbrachten wir in gemütlicher Runde als Familie oder als Paar mit „elternfreier" Zeit. Auch nahmen sich die Kinder inzwischen ihre Auszeiten von uns und verabredeten sich mit ihren Freunden. Für intensive Gespräche blieb trotzdem oft keine Zeit. Und das machte mich wütend und traurig. Wir brachten es als Paar inzwischen auf die geschätzten sieben Minuten täglicher Kommunikation. Das war zum einen grässlich und für unser langsam wachsendes „Ich- und Wir-Gefühl" eher lähmend. Gelang es uns täglich, eine Stunde zu telefonieren, als mein Mann und ich auf zwei Kontinenten lebten, waren wir, was unsere Kommunikation betraf, wieder dort gelandet, wo wir vor unserem Amerikaabenteuer standen. Sich Zeit für den anderen zu nehmen, wenn er weit weg ist, ist ein absolutes „Need-To-Have". Ein „Nice-To-Have" wurde daraus, als wir wieder eine Nahbeziehung führten. Vermutlich auch, weil man glaubt, das man sich ja später noch mit dem Partner austauschen kann. Oft findet das dann aber gar nicht mehr statt. Weil man es vielleicht schon vergessen hat oder es einfach nicht mehr für wichtig hält. Wahrscheinlich liegt das auch daran, dass das Telefon in einer Fernbeziehung Nähe vermittelt. Deshalb gibt sich jeder mehr Mühe, intensive Gespräche zu führen.

Wir hatten unseren Kontakt und unsere Nähe inzwischen täglich, aber das sollte nicht bedeuten, dass wir uns nur auf die kurze Redezeit miteinander beschränken wollten. Eine erste Maßnahme ergriffen wir, indem wir hin und wieder eine kleine Auszeit vom Alltag und unseren Kindern nahmen. Und in diesem paradiesischen Zustand hatten wir alle Zeit der Welt, dem anderen zuzuhören und selbst richtig verstanden zu werden.

Natürlich können und wollen wir nicht jedes Wochenende flüchten. Aber wann immer es geht, nutzen wir diese intensive „Paarzeit", um die Phase dazwischen wieder wertvoller zu machen und uns einfach nicht vom Alltagsstrudel einfangen zu lassen. Eine weitere Maßnahme war, uns täglich zu überlegen und darüber auszutauschen, was das Highlight unseres Tages war. Das konnte sein, einen Berg Wäsche gebügelt (Katja), das Laub vor der Tür aufgesammelt (Hendrik), sein Motorrad geputzt zu haben (Eckhard), oder dass eine schwierige Mathearbeit gelungen war (Carla). Wichtig ist doch nur, dass man den anderen am Leben teilhaben lässt, ähnlich wie es in der Fernbeziehung der Fall war. Und das war eine Aufgabe, der wir uns täglich stellen wollten.

TIPP:
Schaffen Sie sich wieder eine ausreichende tägliche Redezeit.

Rollendurcheinander

Ein ganzes Jahr liegt bereits hinter unserer Fernbeziehung auf Zeit. Mein Mann verbringt inzwischen täglich viele Stunden im Büro, er kommt aber jeden Abend nach Hause. Und auch wenn die Kinder meckern, dass sie ihren Vater nur selten sehen, ist er in ihrer Nähe, wenn sie ihn für die Schule oder bei technischen Fragen brauchen. Sie haben täglich Kontakt mit ihm, und er kann nach seinen Möglichkeiten für sie da sein. Die vielen einsamen Sonntage ohne meinen Mann sind endlich auch vorbei. Das ist schön in unserer Nahbeziehung.

Eckhard und ich haben einen guten Weg gefunden, indem wir uns die Aufgaben und Zuständigkeiten für die Kinder, den Haushalt und den Hund, wenn nicht ganz gerecht, aber dennoch, teilen. Jeder erledigt diese oftmals lästigen Dinge, ohne irgendeine Erwartung an den anderen zu stellen. Denn wir beide haben gelernt, in der Fernbeziehung eigenverantwortlich mit den alltäglichen Aufgaben fertig zu werden.

Das leben wir genauso weiter in unserer Nahbeziehung. Wir wurden auch immer besser, was unsere tägliche intensive Redezeit betraf. Gerade an den Wochenenden fanden wir die Muße, uns gegenseitig auf den neuesten Stand bezüglich unserer Arbeit, unserer Wünsche und unserer Ziele zu bringen. Auch das war schön in unserer Nahbeziehung. Wir waren an einem Punkt angekommen, wo wir wieder eine sehr entspannte Familienatmosphäre lebten.

Schwieriger war eine andere, aber sehr wesentliche Eigenschaft: die Individualität jedes Einzelnen. Sie war eine Herausforderung vor und während der Fernbeziehung und wurde danach zu einer großen Chance für unsere Partnerschaft. „Da sich die im Laufe der Trennung eingespielten Rollen nun wieder verändern, kommt es zu einem ‚Rollendurcheinander'. Dies ist ein Konfliktpotential und eine der größten Gefahren für die Partnerschaft bzw. Familie in dieser Phase", schreibt

Wendl über den Ablauf nach der Rückkehr. Ein Grund für unser „Rollendurcheinander" ist sicher, dass wir in der Fernbeziehung zwei eigenständigere Menschen geworden waren. Lebten wir die vielen Jahre davor überwiegend als gut funktionierende und organisierte Eltern, kamen durch die voneinander getrennt gelebte Zeit viel mehr unsere individuellen Seiten zum Vorschein. Und ehrlich gesagt kämpfte jeder auch um den Erhalt seiner Individualität. Was für die Veränderungen im Paar- und Familiensystem nach der Trennung nicht immer einfach war. Also wie schafft man es, diesen Konflikt und die Gefahr für die Partnerschaft zu lösen?

Ich kann Ihnen sagen, dass dies zeitweise äußerst anstrengend war. Verbal hieß es, manches auszufechten. Wendl weiter: „Die Kommunikation wird nicht (mehr sofort) in den gewohnten und vertrauten Formen ablaufen können ... Davor gilt es keine Angst zu haben, sondern eine Chance für die Beziehung zu sehen ... Den Partnern muss klar werden, dass ihre Erwartungen und Vorstellungen vermutlich nicht die gleichen sind wie die des Partners." Die gegenseitigen Erwartungen spielten selbstverständlich die ersten Tage nach Eckhards Rückkehr nur eine untergeordnete Rolle. Das zeigte sich erst viel später. Zu Anfang wollte jeder diesen Frieden und das Glück, das wir in unserer Wiedervereinigung fanden, nicht zerstören.

Von Monat zu Monat wuchs aber in uns beiden der Wunsch, die Erhaltung unserer Individualität durchzuboxen. Das war ein harter Brocken. Und manchmal bissen wir uns daran richtig fest. Denn keiner war so ganz bereit, etwas davon aufzugeben. Und wenn die Luft im Haus von Eysmondt wieder einmal besonders dick wurde, verschwanden unsere Kinder freiwillig zügig in ihre Zimmer. Sie beobachteten schon, wie ihre Eltern in emotionale Schwankungen gerieten.

„Ein intensiver Austausch, auch im Ringen miteinander, ermöglicht das Zueinanderfinden am besten", so, schreibt

Wendl, kann eine eigene Kommunikationsform entwickelt werden.

Wir waren in einer Sackgasse, und um da wieder rauszukommen, wurde es wieder einmal Zeit für eine Veränderung. Das hatten wir verstanden. Allein schon dadurch, dass wir eine Streitkultur entwickelt hatten, seit Eckhard wieder da war, die es vorher in unserer Beziehung so nicht gegeben hatte. Es folgten viele Gespräche, die sehr emotional waren, begleitet von Phasen der Ruhe. Die brauchten wir, um diese veränderten Kompetenzen und individuellen Wünsche zu verdauen. „Die Veränderungen sind zwar zunächst beunruhigend, langfristig aber eine Chance, die Beziehung zu beleben", so Wendl weiter. Es verlangte Zeit und Geduld. Wir gaben sie uns gegenseitig und nahmen uns immer wieder auch ausreichend Zeit für uns selbst. War doch unsere Wahrnehmung durch die erlebte Trennung eine andere geworden. Achtsam mit mir und meinen Wünsche umzugehen hatte ich in der Zeit, als ich allein war, gelernt. Und achtsam und meinen Wünschen folgend sollte es jetzt weitergehen.

In unserer Partnerschaft ist einiges (Zuständigkeiten) ins Strauchen geraten, manches (Erwartungen und Ansprüche) verloren gegangen, aber vieles (Vertrauen, Respekt, Liebe) hinzugekommen. Wir gingen verständnisvoll mit dem anderen um. Wenn einer von uns beiden in einem beruflichen Projekt steckte, bekam er den Raum, den er dafür brauchte. Wir respektierten die Wünsche und Interessen des jeweils anderen, auch wenn es kaum Übereinstimmungen gab. Jeder durfte sein gesundes Maß an Selbstpflege einfordern, und dabei behielten wir die gemeinsamen Ziele fest im Auge.

Ich war weiter gut zu mir und setzte nicht meinen Mann oder die Kinder an erste Stelle. Das fühlte und fühlt sich immer noch richtig gut an. Weder mein Mann noch meine Kinder vermissen deswegen irgendetwas, im Gegenteil, sie stellen fest, dass ich viel strahle, gut gelaunt und weiter für sie da bin. Sie geben mir die Freiheit, die ich zum Atmen, zum

Leben brauche. Und das ist ein wundervolles Geschenk. Im Gegenzug bin ich für sie da, wenn sie mich brauchen.

Langfristig wird unsere Beziehung durch die überstandene Fernbeziehung belebt, daran glaube ich ganz fest. Auch weil wir uns immer wieder, selbst im heftigsten Streit, daran erinnern, wie wir in diesen langen Wochen ohneeinander gelitten haben. Kein Konflikt kann für uns so schlimm sein wie die Gefühle der Sehnsucht und des Vermissens. Diesen Schatz an Erfahrungen habe ich aber erst durch die Trennung von Eckhard gefunden. Überhaupt hat uns diese emotionale Beziehungszeit erst deutlich gemacht, was in unserer Partnerschaft zählt und was völlig unwichtig ist für unser Zusammenleben. Und genau auf diese Suche sollten Sie sich begeben, wenn Sie vor oder in einer Fernbeziehung stecken, liebe Leserinnen und Leser. Auf dem Weg werden Sie auf viele Unwägbarkeiten, Grenzen und Unvorstellbares stoßen. Am Ende werden Sie aber mit einer neuen Lebendigkeit in Ihrer Partnerschaft und einem persönlichem Reifungsprozess belohnt.

Ein Pfad, dem Du alleine folgst, kann Dich zu Höherem führen als die Straße, auf der alle laufen! (Unbekannter Autor)

Mein Blick zurück

Als Joggerin brauche ich Motivation, Ausdauer und Kraft, Zeit und Geduld. Wenn ich mit meinem Hund durch den Wald laufe, kann es durchaus vorkommen, dass mir ein Teil davon verloren geht. Wenn mir also die Lust zum Joggen fehlt, motiviere ich mich mit der Vorfreude auf ein leckeres Stückchen Kuchen, höre flotte Musik und laufe dann unbeschwert los.

Die Unterstützung guter Freunde und meine Auszeiten von meinem Leben als alleinerziehende Mutter waren meine motivierenden Kuchenstückchen während der Fernbeziehung. Als Nächstes brauche ich zum Joggen Ausdauer und viel Kraft. Allmählich sind diese Eigenschaften bei mir als Läuferin genauso wie in der Fernbeziehung gewachsen. Ich habe mit kleinen Runden beziehungsweise kurzen Trennungszeiten angefangen, und diese sind nach und nach angestiegen. Die Gewissheit, dass die Laufrunde sowie die Fernbeziehung ein Ende hat, ließ und lässt mich entspannter damit umgehen. Nach jeder Joggingrunde und nach den vielen Wochen des Alleinseins ist mein Ich-Gefühl enorm gewachsen.

Das wiederum entwickelt sich mit der Zeit und viel Geduld. Eine wichtige Eigenschaft für eine funktionierende Fernbeziehung. Fortschritte im Laufprozess entstehen in kleinen Schritten mit Erfolgen und Misserfolgen. An manchen Tagen läuft es richtig gut, und an anderen ist jede Bewegung eher mühsam. Das ging mir auch so in den Wochen der Einsamkeit und des Sich-wieder-aneinander-Gewöhnens. Auch da brauchten wir Zeit und Geduld, da diese Phase letztendlich fast so viele Monate dauerte wie die des Getrenntseins. In den Monaten, als ich getrennt von Eckhard lebte, habe ich gelernt, meine Bedürfnisse ernst zu nehmen und mit mir und meinen Mitmenschen geduldig zu sein.

Herausgekommen ist dabei eine neue Verbundenheit. Und die versuchen wir zu leben. Jeden Tag, jede Woche, jeden

Monat mit einem Karussell der Gefühle, einer tiefen Dankbarkeit für unser Glück und einer großen Freude auf die Dinge, die das Leben noch für uns bereithält.

Ich wünsche Ihnen, liebe Fernbeziehungsliebende, spannende Gespräche, neue Erkenntnisse, ein gesundes Maß an Selbstpflege, ganz viel Liebe und die Gewissheit, dass die Fernbeziehung kein endgültiger Zustand ist.

Generelle Tipps für das gute Gelingen einer Fernbeziehung

Entscheidungsphase

- Überstürzen Sie Ihre Entscheidung nicht und suchen Sie sich die richtige Möglichkeit, als Familie eine Fernbeziehung zu führen.
- Lassen Sie wenn möglich alle Familienmitglieder gleichberechtigt mitentscheiden.
- Besprechen Sie offen und ehrlich die Bedenken und Sorgen Ihrer Kinder (zum Beispiel Schulwechsel, Veränderungen bei den Freundschaften, ein Elternteil fehlt über viele Wochen, wie wird das für sie?).
- Schaffen Sie sich ein verlässliches Netzwerk aus Freunden und Familie, das Ihnen eine Hilfe in der außergewöhnlichen Situation sein kann.
- Genügend Vertrauen und das Gefühl der Zusammengehörigkeit in der Partnerschaft bilden eine wichtige Basis für eine (Fern-)Beziehung.
- Die Sicherheit, dass bei Problemen gute Lösungen auch über die Distanz gefunden werden können, kann eine wichtige Entscheidungshilfe sein.

Vorbereitung und Zeitpunkt der Trennung

- Aufkommende Gefühle verschiedenster Art (zum Beispiel der Wunsch nach ganz viel Nähe oder eher nach mehr Distanz) sind völlig normal in der Zeit unmittelbar vor der Trennung.
- Frage-Antwort-Bögen (Seite 15–16) helfen den Daheimbleibenden, die Hoffnungen, aber auch die Sorgen und Befürchtungen des weggehenden Partners besser zu verstehen.

- Feiern Sie ein Abschiedsfest mit Freunden, genießen Sie die Zweisamkeit, verbringen Sie noch so viel gemeinsame Zeit als Familie wie möglich. Auch sollte der weggehende Partner seine Kinder emotional noch mal richtig „satt" machen.
- Trauer darüber, dass die Trennung unmittelbar bevorsteht, wird durch die Fülle an kommenden Aufgaben schnell überwunden.
- Planen Sie grob die Tage und Wochen für Urlaube und Besuche ein, um immer den Termin für das nächste Wiedersehen zu kennen.
- Wenn der Tag X kommt, hängen Sie ein Maßband auf, und die Tage der Trennung sind gezählt.
- Treffen Sie eine Absprache bezüglich Ihrer gegenseitigen Erreichbarkeit.

Trennungsphase/Trennungsalltag

- Damit der Umstellungsprozess nicht gleich am Anfang zu viel Kraft kostet, sollten Sie schnell die neue Lebenssituation annehmen. Sie bringen dadurch zügig Ruhe und Gelassenheit in Ihren neuen Alltag.
- Lassen Sie sich alle Aufgabenbereiche des weggehenden Partners rechtzeitig erklären.
- Das Gefühl der Einsamkeit gibt Ihnen die Möglichkeit zur eigenen kreativen Entfaltung.
- Binden Sie die Kinder in den Alltag ein und übertragen Sie ihnen Verantwortung, natürlich immer ihrem Alter entsprechend.
- Telefonieren Sie, wenn möglich, täglich miteinander, um so am Leben des Partners teilzuhaben. Eine (Auslands-)Flatrate ist dabei sehr hilfreich.
- Spontane Besuche, ein Päckchen, Blumen und Schokolade zeigen dem Partner in der Ferne, dass man ihn nicht vergessen hat.

- Die Bandbreite der einzelnen Wiedersehen ist riesig. Nehmen Sie jedes Treffen so, wie es ist: ohne Druck und Erwartungen, nur mit Liebe und Freude über die gemeinsam verbrachte Zeit.
- Reden Sie weiterhin offen mit Ihrem Partner über Ihre Wünsche und Sorgen, Ängste und Hoffnungen. Die Persönlichkeit beider verändert sich im Verlauf einer Fernbeziehung, und deshalb bleibt es sehr wichtig, sich immer wieder neu auszutauschen.
- Achten Sie während der Trennung gut auf sich. Pflegen Sie Kontakte zu Freunden, gehen Sie aus, verreisen Sie allein oder mit Freunden, suchen Sie sich ein neues Hobby oder lernen Sie eine Fremdsprache. Je besser Sie zu sich selbst sind, desto entspannter können Sie mit der Gesamtsituation umgehen. Entschleunigen Sie wenn nötig Ihre Zeit.
- Holen Sie sich so viel Unterstützung, wie Sie bekommen können.

Vorbereiten auf das Wiederzusammenleben

- Nutzen Sie die letzte Zeit vor der Wiederkehr des Partners noch mal ganz bewusst für sich allein.
- Seien Sie sich Ihrer gewonnenen Erkenntnisse sicher und der tiefen Kraft, die in Ihnen gewachsen ist.
- Stellen Sie sich auf kommende Veränderungen in der Partnerschaft ein.
- Organisieren Sie ein paar Tage nur zu zweit unmittelbar nach der Rückkehr des Partners.

Schwierigkeiten und Freuden im Zusammenleben nach der Fernbeziehung

- Es gibt ein WIR mit den gleichen Zielen und demselben Lebensmodell.
- Es gibt ein ICH mit individuellen Wünschen.

- Aufgaben, Rituale, Zuständigkeiten, Rollen und Kompetenzen haben sich während der Trennungszeit verändert und müssen nun mühsam neu verteilt werden. Das betrifft bei entsprechendem Alter natürlich auch die Kinder. Wichtigste Regel dabei ist erneut eine regelmäßige und respektvolle Kommunikation miteinander.
- Feiern Sie das Wiedersehen, machen Sie viele Ausflüge mit der Familie, aber gönnen Sie sich und allen immer wieder Ruhe und Pausen.
- Die Veränderungen des Paar- und Familiensystems brauchen viel Zeit und Geduld.
- Um wieder ein gutes Team zu werden, kann es noch mal so lange dauern, wie die gesamte Zeit der Trennung war.
- Achten Sie darauf, dass Sie nicht zurück in die geschätzten sieben Minuten täglicher Kommunikation von Paaren fallen.

Dr. Peter Wendl
Fernbeziehung als Chance!

Um es vorwegzunehmen: Ja! Fernbeziehungen können „funktionieren". Sie können stabil sein – sogar über Jahre hinweg oder gar ein Leben lang. Und nein, sie haben weder automatisch eine höhere Trennungs- oder Scheidungsquote, noch bedeutet es, dass Fremdgehen und Streit für Fernliebende dominantere Themen sind als für konventionelle Nahbeziehungspaare.

An mich werden viele Anfragen gestellt, denen diese oder ähnliche Antworten folgen. Allerdings, ich muss dann stets ergänzen: Wenn gewisse Voraussetzungen erfüllt sind ...

Was daran anschließend fast immer folgt, ist eine postwendende Aufforderung: Dann fassen Sie doch bitte kurz zusammen: Was sind die Besonderheiten einer Fernbeziehung? Welche Chancen bietet sie – und vor allem: Wie kann sie gelingen? Und nicht selten wird diese Nachfrage, wenn sie von Medienvertretern gestellt wird, meist in bester Absicht von der kleinen Einschränkung begleitet: Wir haben dafür eine Minute dreißig Zeit! (Für alles natürlich, inklusive Anmoderation!) Oder bei schreibenden Kollegen: Wir haben dafür einen kleinen Merkkasten am Rand der Seite eingeplant!

Sie ahnen es schon: Diese Fragenden bekommen natürlich auch *eine* Antwort. Dennoch möchte ich es Ihnen mit diesem Nachwort etwas schwerer machen – ein wenig tiefer in das Thema einsteigen und nicht nur an der Hülle einer oberflächlichen Erklärung kratzen.

Nachdem uns Katja von Eysmondt mit auf die Reise ihrer „Fernbeziehungsfamilie auf Zeit" genommen hat, in der sie ihren Weg schildert, wie sie selbst, ihr Partner und die Kinder diese Herausforderung mit normalen Höhen und Tiefen erfolgreich bestanden haben, könnte ich es mir an dieser Stelle eigentlich einfach machen und meine „sieben Spielregeln" einer erfüllenden Fernbeziehung ergänzen. Diese ergeben, mit (Beziehungs-)Leben gefüllt, durchaus ein sicheres Orientierungsraster, wie eine Partnerschaft auf Distanz im Sinn dieses Buchtitels „erfolgreich" geführt werden kann.

Die Rahmenbedingungen dieser Spielregeln haben auch damit zu tun, welche Zeitperspektive das Paar hat: Ist ein Ende der Distanzbeziehung schon zu Beginn absehbar (wie in der hier geschilderten Fernbeziehung) oder müssen sich die Partner auf länger und häufiger getrennte Lebensphasen einrichten? Eng an die Perspektiven sind auch ganz grundsätzliche Sinnfragen geknüpft: Was ist überhaupt unsere Motivation, die räumliche Distanz zwischen uns in Kauf zu nehmen? Wollen wir das beide so, oder warum soll ich das mittragen, diesen bisweilen zermürbenden Spagat zwischen Abschied, Sehnsucht, getrenntem Alltag, Wiedersehensfreude und oft auch Wiedersehensspannungen? Damit klingen ganz nebenbei weitere Fragen an: Können wir uns das leisten, als Liebende, aber auch finanziell (nicht jeder verdient automatisch mehr durch den Einsatz in der Ferne)? Können wir das so regeln, dass wir zwischen Abschied und Wiedersehen immer noch ausreichend Zeit gemeinsam verbringen – ohne uns im wahrsten Sinn des Wortes langsam aus den Augen zu verlieren, uns fremd zu werden, uns auseinanderzuleben oder zu „ersetzen"?

Die Frage, die der Untertitel dieses Buches aufwirft, bleibt also bestehen: Wie kann es gehen? Aber darauf möchte ich ausführlicher eingehen. Denn das wird entscheidend sein, um die eingangs genannten Fragen wirklich zu beantworten und um Ihnen, das sei an dieser Stelle schon versprochen, am Ende dieses Textes die besagte Zusammenfassung wesentlicher Grundregeln an die Hand zu geben, wie es gehen kann, eine Fernbeziehung erfolgreich zu führen!

Fernbeziehung: Beziehungskiller oder einzigartige Chance?

Katja von Eysmondt nimmt uns in ihrer lebendigen Schilderung mit in die für sie und ihre Familie „typisch-unerwartete" Fernbeziehung. Fernbeziehungsneulinge werden sich ebenso wie fernbeziehungserfahrene Profis in vielen ihrer Stimmungen und Gedanken wiedergefunden haben. Typisch-unerwartet ist die Fernbeziehungsgeschichte der Eysmondts jedenfalls, weil ihre Familie mit dieser speziellen Herausforderung kaum (noch) gerechnet hatte. Hier zeigt sich ein wesentliches Merkmal von Distanzbeziehungen: Sie müssen inzwischen unabhängig vom Lebensalter, der Beziehungsdauer und von Bildungsmilieus gelebt werden – und die Bereitschaft dazu wird in vielen Arbeitsfeldern beinahe selbstverständlich erwartet. Damit ist ein weiteres, wenig überraschend typisches Merkmal angesprochen: Meist sind es der Beruf oder Karriereprioritäten, die eine Fernbeziehung auslösen.

Die Autorin gewährt uns einen Einblick in die emotionalen Höhen und Tiefen ihrer Fernbeziehungs- und Familiengeschichte. Doch was ist nun wirklich typisch für diese Beziehungsform? Denn natürlich können sich nicht viele Fernbeziehungspaare, sei es auf Zeit oder langfristig, regelmäßig auf einem entfernten Kontinent planungssicher besuchen. Was ist also anders, wenn die Wiedersehen deutlich seltener möglich sind? Oder was bedeutet die Distanz bei Wochenendbeziehungen für die Partner, die ja immerhin deutlich häufigere, aber zugleich meist viel kürzere gemeinsame Phasen haben? Kann dann überhaupt von typischen Merkmalen einer Fernbeziehung gesprochen werden, damit ein Buch, wie es vor Ihnen liegt und das letztlich die Geschichte einer individuellen Distanzbeziehung erzählt, sowohl Mut macht als auch Unterstützung, Rat und Orientierung für andere „Fernbeziehungsgeplagte" ermöglicht? Und ist nicht jede Partnerschaft einzigartig – und die auf Distanz geführte noch viel mehr?

Über 12 Prozent der Partnerschaften in Deutschland

Seriöse Schätzungen gehen davon aus, dass etwa jede siebte bis achte Beziehung in Deutschland auf Distanz gelebt wird. Übrigens ist bei etwa 75 Prozent der Paare der Mann der pendelnde Partner. Der Einfachheit halber nutze ich daher im Folgenden die männlichen Berufsbezeichnungen, pendelnde Frauen sind damit selbstverständlich ebenso gemeint. Das Deutsche Institut für Wirtschaftsforschung kommt insgesamt auf einen Anteil von 12,4 Prozent der Partnerschaften. Manche davon dauerhaft in sogenannten Pendlerbeziehungen, andere sind immer wieder über Wochen oder Monate getrennt. Auch wenn die Zahlen etwas schwanken: Tatsächlich dürften sie sogar noch höher sein, wenn all jene mitgerechnet würden, die nicht regelmäßig, aber phasenweise große Teile ihrer Zeit getrennt vom gemeinsamen Zuhause in Gemeinschaftsunterkünften (zum Beispiel Soldaten) oder Hotels (unter anderem Manager, Außendienstmitarbeiter, Piloten) leben. Der Anteil dürfte sich weiter erhöhen, wenn auch vermeintlich exotische Fernbeziehungen auf Zeit berücksichtigt würden, wie das etwa auf viele Strafgefangene zutrifft. Auch Profisportler oder Politiker müssten dann Berücksichtigung finden.

Eine seriöse Prognose zeigt zudem auf, dass circa 25 Prozent der heutigen Hochschulabsolventen im Lauf ihres Berufslebens zumindest einige Jahre von Distanzbeziehungen betroffen sein werden. Berufsbedingt erleben gerade Akademiker und auch Soldaten, Flugzeugpersonal, Manager, Fernfahrer, Studierende, Seefahrer, aber auch viele andere Berufsgruppen immer wieder oder gar regelmäßig vom Partner räumlich getrennte Zeiten. Vor allem in der Privatwirtschaft wird Mobilität grundsätzlich erwartet oder im Sinne der Karriere und der Selbstverwirklichung freiwillig zumindest nicht verhindert. Betroffen von dieser Situation sind aber nicht nur die Pendelnden selbst, sondern immer auch ihre

Partner, die Angehörigen oder Kinder. Und unabhängig davon, ob die Distanz bewusst von den Partnern so gewählt, also gewollt ist (Selbstverwirklicher!), oder ob berufliche beziehungsweise private Rahmenbedingungen diese Entfernung erzwingen, die Fernbeziehung also ungewollt ist und ein Ende so schnell wie möglich angestrebt wird: Distanzbeziehungen reißen die Betroffenen positiv wie negativ aus ihrem Alltag heraus und erzwingen Lebendigkeit und Ängste gleichermaßen, wie es auch im Fazit am Ende dieses Buches deutlich wird.

Was also ist typisch für Fernbeziehungen? Einerseits umfassen sie einen einmaligen Abschnitt in der Erwerbsbiografie, dessen Ende schon zu Beginn fast sicher absehbar ist, so wie wir das in der Geschichte der fünfzehnmonatigen Fernbeziehung der Familie von Eysmondt kennengelernt haben. Meist handelt es sich dabei tatsächlich um Auslandsaufenthalte, die zwischen einigen Monaten und maximal drei Jahren dauern. Wenn Fern-Projekte über einen noch längeren Zeitraum im Ausland geplant sind, ziehen die Partner oft sofort mit an den neuen Wohnort (Expatriats). Andererseits gilt es, verwandte Partnerschaften auf Distanz davon zu unterscheiden.

Mittlerweile haben sie viele verschiedene Bezeichnungen und Umschreibungen wie zum Beispiel „Living apart together", „Long distance relationship", Shuttle-, Pendler-, Wochenendbeziehung. Für sie alle aber ist typisch, dass beide Partner – lang- oder kurzfristig – nicht am selben Ort leben wollen oder können. Ein gemeinsamer Alltag ist für diese Paarbeziehungen meist nur nach Planung möglich. Zwischen Abschied und Wiedersehen folgen daraus für die Partner – neben den zuvor angedeuteten Fragen – weitere grundsätzliche, aber auch alltägliche Bedenken: Sind uns die Vorteile, meist also Karriere und/oder Finanzen, die Nachteile wert? Wollen wir das überhaupt beide, und wer muss mehr Kompromisse eingehen? Können speziell wir zwei uns so eigentlich auf Dauer treu sein? Solche Fragestellungen besitzen alle gleichermaßen ständige Aktualität bei regelmäßigen Trennungen über Tage, Wochen, aber eben auch bei solchen, die über Monate gehen.

Fernbeziehungen halten einerseits lebendig, bieten außergewöhnliche Freiräume der Verwirklichung – aber sie kosten andererseits Zeit und Geld, erfordern Planung und sind auch verbunden mit Alleinsein, Sehnsucht und Traurigkeit. Vor allem erlauben sie weniger gemeinsamen Alltag vor Ort! Die Partner sind gegenseitig kaum in dem Moment wirklich greifbar, wenn es herausragend Trauriges zu teilen, wenn es besondere Freuden zu verdoppeln oder wenn es einfach nur einen ganz gewöhnlichen Alltag in Ruhe gemeinsam bei einem Glas Wein zu beenden gälte. Von Sehnsucht, Eifersucht und Unsicherheit noch ganz zu schweigen.

Was sind entscheidende Hürden einer „erfolgreich geführten Fernbeziehung"?

Lernt das Paar, sich mit den Belastungen der Partnerschaft auf Distanz zu arrangieren und die Freiräume zu nutzen, bietet die Fernbeziehung eine außergewöhnliche Chance, Partnerschaft intensiv und kreativ zu gestalten und zu erleben. Beziehung auf Distanz leben bedeutet beides – wesentliche Belastungen und Chancen zugleich. So bleibt ein großer Teil der gemeinsamen Lebenszeit im wahrsten Sinne des Wortes auf der Strecke. Auch schließt der Rhythmus zwischen Abschied, Reisen und Wiedersehen nicht selten andere (Freunde und Verwandte) aus. Viele gemeinsame Hobbys, eigentlich wichtig für jede Beziehung, sind kaum oder nur unter erschwerten Bedingungen und zu fest geplanten Wiedersehenszeiten möglich.

Fernbeziehungen bieten aber im Umkehrschluss auch die außergewöhnliche Chance für Freiheiten, Selbstständigkeit und Selbstverwirklichung in der Partnerschaft und – mit Einschränkungen, wenn das Paar Kinder hat – auch im Beruf. Fernbeziehung bedeutet, dass sich vermeintliche Single-Zeiten mit Freiraum für Individualität, für Realisierung in Hobby und Beruf, im Sozialen, in Weiterbildungen, auch in der Familie, abwechseln mit Phasen intensiver Verbundenheit mit dem Partner.

Das entfernte Alltagsleben aber, darauf gehe ich später noch ausführlicher ein, stellt eine zentrale Hürde dar. Die Partner können in den getrennten Zeiten kaum unmittelbar mit dem Lebenspartner rechnen. Eine weitere Problematik, die sich daraus ergibt, hat Katja von Eysmondt angesprochen: das (vorübergehende!) Phänomen, sich als Rückkehrer wie ein Gast im eigenen Haus zu fühlen. Denn meistens verbringt einer der beiden Partner deutlich mehr Zeit in der gemeinsamen Wohnung. Dabei besteht stets die Gefahr, dass die gemeinsame Zeit irgendwie als Einbruch in den eigenen, eingespielten Alltag empfunden wird. Auch sind nicht wenige bisweilen über die Erleichterung erschrocken – war das Wochenende wieder einmal allzu turbulent –, nach der Abreise „das eigene Reich" für sich zu haben. Beides ist gut erklärbar, denn auch in jeder Fernbeziehung werden sich Gewohnheiten sowie Rituale einspielen, einerseits für die gemeinsamen, andererseits für die getrennten Zeiten. Die Auswirkungen werden besonders klar, wenn die Zeit der Fernbeziehung zu Ende geht und die Nahbeziehung neu erlernt werden muss.

Es besteht aber – gerade für Paare, die länger liiert sind – auch die große Chance einer Bilanz, einer neuen Wertschätzung und die Möglichkeit, den Alltagstrott der Beziehung zu verhindern. Das einseitig Eingespielte, Langweilende im täglichen Miteinander ist immerhin eine der größten Gefahren für viele Beziehungen. Kleinste Veränderungen der Partner (äußerliche und innerliche) während längerer Trennungen werden intensiver positiv wie negativ wahrgenommen. Die Auswirkungen dieser Gegebenheiten auf die Partnerschaft variieren je nach Zustand der Beziehung (Stabilität und Beziehungszufriedenheit der Partner) sowie den Rahmenbedingungen der Partnerschaft (Angehörige, Kinder, Belastungen oder Unterstützung im privaten und beruflichen Bereich und so weiter).

Typische Fernbeziehung: der fehlende gemeinsame Alltag vor Ort

Das Grundproblem räumlich getrennter Beziehungen liegt darin, dass die Partner bei jedem Wiedersehen aus meist gänzlich verschiedenen Alltagen kommen – und so bei der Rückkehr mindestens zwei verschiedene Lebenswelten aufeinanderprallen. Die zentralste aller Herausforderungen ist daher, eine Art und Weise des gegenseitigen Umgangs und der Kommunikation für die entfernten Zeiten entwickeln zu müssen, aber zugleich auch für die vereinten Phasen. Die Partner müssen versuchen, sowohl die unterschiedlichen positiven und negativen Erlebnisse im Alltag als auch Befindlichkeiten, Erwartungen und Hoffnungen, Ängste und Befürchtungen „mit-zu-teilen", um an der Erlebnis- und Gefühlswelt des anderen teilzuhaben. Wie sonst sollten sie wissen, wer da am Wochenende vor ihnen steht – und vor allem was er fühlt? Übrigens: Was hier für die Distanzbeziehung als elementar zu bewerten ist, gilt für jede „normale" Nahbeziehung. Dies ist nicht minder relevant und existenziell – nur wird es im Alltag oft unterschätzt.

Kinder verändern alles – besonders in der Fernbeziehung

Noch kurz zum Thema Kinder: Sie beeinflussen und verändern eine Fernbeziehung grundlegend. Die Partner ihrerseits können, wie von Katja von Eysmondt vielfach angedeutet, Vorteile bis zu einem gewissen Maß nutzen und mit Nachteilen leben lernen. Kinder werden die Situation je nach Umständen dagegen meist als belastender empfinden, wenn Papa oder Mama immer wieder oder länger nur in der Ferne erreichbar ist. Hier ist nicht der Raum, darauf vertiefend einzugehen. Ich verweise darum gerade bei dieser wichtigen Thematik auf weiterführende Literatur am Ende des Textes.

Der Ablauf der Gefühlsentwicklung

Partnerschaft bleibt unter den Aspekten einer Fernbeziehung ausdrücklich stets ein gemeinsamer Neuanfang – bei jedem Wiedersehen und bei jedem Abschied. Die Frequenz zwischen Abschied und Abstand sowie Wiedersehen und Nähe bedeuten natürliche Grenzen der Distanzbeziehung. Sowohl die gemeinsame Kommunikation und die Geborgenheit als auch eine erfüllende Sexualität können in den Zeiten der Entfernung naturgemäß meist nur auf defizitäre Weise, also bruchstückhaft erlebt werden. Daraus lässt sich ableiten, dass die subjektive Beziehungszufriedenheit stark davon abhängig ist, wie es dem Paar gelingt, sich über die Gedanken- und die Gefühlswelt, über Erwartungen und Befürchtungen zu verständigen, aber vor allem auch davon, ob diese zentralen Faktoren sowohl während der getrennten als auch in den gemeinsamen Zeiten erfüllend gestaltet werden. Ein zentrales Thema, um Fernbeziehungen verstehen und besser bestehen zu können, ist deshalb das Wissen um die Entwicklung der Gefühle.

Die Erforschung von Fernbeziehungen bei einer Wochenendpartnerschaft oder bei Trennungen über Wochen und Monate, zum Beispiel bei Auslandseinsätzen, lässt wiederkehrende Gefühlskreisläufe erkennen. Sie können dazu beitragen, die Entwicklungen zwischen den Partnern besser zu verstehen – und diesen vielleicht auch etwas den Schrecken zu nehmen.

Tatsächlich erleben viele Paare die Entwicklung des Gefühlslebens – bei aller Individualität – auf ähnliche Weise. So lassen sich folgende Phasen vor der Abreise, während der

Trennung und nach dem Wiedersehen erkennen, die aber natürlich unterschiedlich stark und lange ausgeprägt sein können:

Der „Kreislauf" der Gefühle in der Fernbeziehung

„Anfangsschock" und Vorbereitungen
- In der unmittelbaren Vorbereitung längerer Trennungszeiten (ein bis zwei Wochen vor der Abreise) sind oft Ärger, Anspannung, Ängste und Protest vorherrschend. Das kann sich bei jeder Abreise wiederholen.

Wiedersehen
- Bei aller Freude über das Wiedersehen: Anpassungsschwierigkeiten hängen von der Dauer und der Qualität des Einsatzes/der Trennungszeit ab. Es braucht Zeit, gemeinsam wieder eine Einheit zu werden, sich wieder aneinander zu gewöhnen. Die zwei Lebenswelten müssen neu zueinander finden.
- Veränderungen in den Rollen und der Persönlichkeit werden verarbeitet.
- Die Partner brauchen Zeit, ihr Gleichgewicht wiederzufinden.

Abreisezeit
- Die eigentlichen Tage vor der Abreise werden von Beklemmung, zunehmender Distanzierung oder einem Anlehnungsbedürfnis beherrscht (oft bei den Partnern diametral unterschiedlich).
- Gerade bei längeren Trennungen, die lange vorbereitet werden mussten, folgt bisweilen auch Erleichterung, dass „endlich" der Tag der Abreise gekommen ist, um die sich alles zu drehen scheint.

Erwartung des Wiedersehens
- Vorbereitungen und Organisation beginnen.
- Dabei werden Vorfreude, aber auch wiederauftauchende, verdrängte Konflikte und Anspannungen der getrennten Phase belebt („schlafende Bedingungen"), Vorfreude oder auch Bedenken werden bewusster.
- Planungen der gemeinsamen Zeit beflügeln oder belasten, je nach Qualität.

Erste Zeit nach Abreise: emotionale Desorganisation
- Kurzfristig nach der tatsächlichen Trennung: Traurigkeit, Verlorenheitsgefühle; Unsicherheit, wie es weitergehen soll, Sehnsucht und/oder „wie schaffe ich das alleine?", Ärger über Entfernung des Partners/der Partnerin, evtl. Verzweiflung.

Erholung und Stabilisierung
- Versuch, von Tag zu Tag zu leben. Emotionale Krisen treten zwar noch auf, aber ihnen folgen stetig Ruhepausen („Jojo-Effekt").
- Notwendiges Funktionieren im Alltag (Beruf, Familie etc.) erleichtert und erschwert zugleich.

Unmittelbar vor der Abreise distanzieren sich die Partner oft voneinander – oder sie haben ein außergewöhnlich hohes Anlehnungsbedürfnis. Das ist absolut natürlich. Der emotionale Rückzug des Partners bedeutet in dieser Abreisephase oft nichts anderes, als dass die (erneut) bevorstehende Trennung schon unmittelbar vorab betrauert wird (prospektive Trauer). Als schwierig erweist es sich, wenn beide Partner sehr unterschiedlich mit der Situation umgehen und Anlehnungsbedürfnis auf Abstandssuche trifft. Auf Dauer und besonders bei den häufigen Abschieden einer Wochenendbeziehung gilt es dann, zum Beispiel Rituale als Kompromiss zu entwickeln. Insbesondere in Phasen, in denen man die gemeinsame Zeit besonders harmonisch gestalten möchte (ich nenne das in meinen Büchern den „Weihnachtseffekt", erinnert sei auch an die ersten gemeinsamen Urlaubstage), ist es für Fernbeziehungspaare wichtig zu wissen, dass gerade deshalb dann oft gestritten und Grundsätzliches erörtert wird – und sich die Partner vielleicht voneinander distanzieren. Fernbeziehungspaare empfinden es als Erleichterung, wenn sie nach und nach realisieren, dass diese Konflikte, die gerade zum Wiedersehen und beim Abschied auftreten, normal sind – und dass in diesen Zeiten nicht gezeigte Gefühle in keiner Weise bedeuten müssen, dass sie generell fehlen.

In der Wochenendbeziehung spreche ich hier vom „Sonntags-Gefühl", denn mittags beginnen meistens die Planungen für die kommende Woche. Abreise- und Fahrtvorbereitungen belasten die verbleibende gemeinsame Zeit und sorgen oft für ein Gefühl der Beklemmung. Unmittelbar bei der Abreise und in den Tagen danach erleben die Partner häufig ein Verlorenheitsgefühl mit eventuell großen Gefühlsschwankungen (emotionale Desorganisation). Wut (auf die Fernbeziehung, auf den Partner, den Beruf, das eigene Ausgeliefertsein und Ähnliches), Zorn und Traurigkeit gehen nicht selten ebenso mit dieser Phase einher („Montags-Gefühl").

Hat sich die Gefühlswelt in der getrennten Zeitspanne langsam eingependelt, stabilisiert sich bei den Partnern der zunehmend souveräne Umgang mit dem neuen Alleinsein. Im Laufe der Woche erleben die Partner, je nach Qualität der Beziehung, immer wieder Sehnsucht und Einsamkeit („Jojo-Effekt" der Gefühle), aber auch zunehmende Stabilität. Die Partner können in dieser Zeit die Chancen und Freiräume ihrer momentanen Lebenssituation erkennen und gestalten, ihr Selbstbewusstsein wird durch die Bewältigung der Trennung gestärkt.

Kurz vor der Rückkehr beginnt dann die Organisation der gemeinsamen Zeit, und es werden Pläne für das Wiedersehen geschmiedet. Allerdings prallen bei der Rückkehr die beschriebenen getrennten Lebens- und Alltagswelten ebenfalls aufeinander. Trotz Befürchtungen, Erwartungen, Hoffnungen und des Wissens um die angespannte Situation möchten beide Partner das Wiedersehen möglichst harmonisch gestalten. Doch anstelle der erstrebten Nähe können, nachdem sich die erste Freude über das Wiedersehen gelegt hat, eventuell zunächst Streit, Spannungen und Auseinandersetzung folgen. Dies kann – ganz natürlich – zu Enttäuschungen führen und zu dem Gefühl, sich auseinandergelebt zu haben beziehungsweise sich fremd geworden zu sein.

Als Faustregel zeigen meine Studien, dass das gegenseitige Wiedergewöhnen der Partner etwa so lange dauert wie die Trennung selbst. Das bedeutet nicht, dass der gemeinsame Alltag überhaupt nicht mehr funktionieren würde. Jedoch: Bei einer Trennung von über einem Jahr kann die Zeit, die das Paar benötigt, um wieder ein (ganz?) neues, gemeinsames Team zu werden, auch mehrere Monate bis zu einem Jahr beanspruchen. Erst dann sind die wesentlichen Rituale, Zuständigkeiten und der Umgang miteinander neu eingespielt.

Legt man diese Faustregel für die Wochenendbeziehung zugrunde, zeigt sich auch deren besondere Herausforderung: Eigentlich wären in diesem Fall ebenfalls etwa drei bis vier (ganze!) Tage nötig für das neue Zusammenfinden. Einerseits sehen sich diese Paare regelmäßig. Andererseits aber bleibt auf Dauer eine immer nur knapp bemessene gemeinsame Phase, um die getrennte Woche, den Alltag aufzuarbeiten, sich neu nahezukommen, aber auch beispielsweise Grundsätzliches zu planen. Die eigentliche gemeinsame Partnerschaftsphase beschränkt sich, nachdem sich die Stürme des

Wiedersehens („Freitags-Gefühl") gelegt haben, auf den Samstag und den eingeschränkten, meist nur halben Sonntag. Auf Dauer besteht also neben der Problematik, keinen gemeinsamen Alltag zu haben, die Gefahr einer Veroberflächlichung der Beziehung mit zu wenig Raum, um Gefühle, Erwartungen und Ängste auszutauschen.

Damit eine Fernbeziehung „erfolgreich" geführt werden kann

Zusammenfassend möchte ich Ihnen, wie zu Beginn versprochen, – neben den Praxistipps von Katja von Eysmondt – folgendes Rettungspaket an „Überlebensregeln" für die Zeit der Fernbeziehung an die Hand geben, gemäß dem Untertitel des Buches: „Wie kann es gehen?". Sie erinnern sich an die eingangs genannten Fragen, die mir immer wieder gestellt werden – und an meine Antworten: Ja! Fernbeziehungen „funktionieren". Und ja, sie können stabil sein – sogar über Jahre oder gar ein Leben lang. Und nein, sie haben weder automatisch eine höhere Trennungs- oder Scheidungsquote, noch bedeutet es, dass Fremdgehen und Streit für Fernliebende dominantere Themen sind als für konventionelle Nahbeziehungspaare. Ein allgemeingültiges Patentrezept gibt es bei alledem natürlich nicht. Aber es gibt Grundregeln, die die Voraussetzungen dafür schaffen, Fehler zu vermeiden und gemeinsam eine Strategie für eine „erfolgreiche" Fernbeziehung zu entwickeln:

Grundregeln für ein gutes Gelingen

1. Kommunikation ist in der Fernbeziehung das alles entscheidende Kriterium. Teilen Sie sich gegenseitig ausdrücklich und regelmäßig Erlebnisse des Alltags, Banales, Besonderes, aber eben auch Hoffnungen und Erwartungen, Ängste und Befürchtungen mit. Und bedenken Sie, dass diese für die fernen Zeiten jeweils anders sein kön-

nen als für die nahen Zeiten und dass sich diese im Lauf der Zeit verändern.

2. Der Partnerschaft muss mindestens derselbe Stellenwert eingeräumt werden wie dem Beruf und dem wichtigsten Hobby.

3. Fernbeziehungen müssen vor allem sinnvoll sein – für beide Partner! Sonst wird es schwer, die Nachteile mitzutragen und auf Dauer auszuhalten! Wenn das nicht für alle Beteiligten gegeben ist oder sich verändert, wird ein zeitlich befristeter Kompromiss nötig sein. Die Motivation aller Betroffenen muss schon zu Beginn geklärt werden – und daneben muss sie eine grundsätzliche Perspektive der Distanzbeziehung ermöglichen, in der sich alle Partner wiederfinden (eventuell auch mit Kindern). Seien Sie dabei ehrlich zueinander, wie lange die Distanzbeziehung gehen kann und wie lange Sie das überhaupt wollen. Fernbeziehungen müssen durchführbar sein! Wer schon zu Beginn weiß, dass die Wiedersehen selten und nur schwer realisierbar sind, muss mit dem Partner überlegen, ob diese Beziehung auf Distanz wirklich machbar ist.

4. Entwickeln Sie gemeinsam mittelfristig Perspektiven, wie der Trott des Alltags immer wieder durchbrochen werden kann! Urlaubspläne oder ein verlängertes Wochenende alle sechs Wochen können wichtige Inseln sein, für die sich das Nutzen des Urlaubskontingents lohnt – und die das Durchhalten erleichtern.

5. Bei aller notwendigen Gemeinsamkeit: Achten Sie auf sich selbst. Nur wer sich selbst pflegt, kann auch die Beziehung pflegen. Wesentlich ist, dass Sie Ihren Alltag auch ohne Ihren Partner erfüllend gestalten. Aber lassen Sie ihn dann auch immer wieder daran teilhaben. Er soll und darf dabei

natürlich nicht ersetzt werden. Aber wer in der getrennten Zeit nur wartet und die Vorteile nicht nutzt, die die Fernbeziehung ganz klar auch bietet, wird bald erschöpft sein.

6. Sie vermeiden Enttäuschungen und beugen der Veroberflächlichung vor, wenn Sie das gemeinsame Wochenende, die gemeinsame Zeit nicht mit überhöhten Erwartungen überfrachten, sondern immer wieder absprechen, welche Hoffnungen die einzelnen Partner, aber auch die Kinder in diese Zeitspanne setzen und welche Freiräume aufgrund anderer Prioritäten überhaupt zur Verfügung stehen.

7. Zeitlos wichtig für viele Fernbeziehungspaare ist die modern gewordene Bezeichnung „Quality time". Das heißt lieber weniger Zeit, diese aber intensiv und exklusiv miteinander zu verbringen als mehr Zeit, die oberflächlich, „online" oder abgelenkt gestaltet wird. So entsteht ausschließlicher, wertvoller Raum für Partnerschaft und/oder Kinder, aber auch für sich selbst mit Hobby, Erholung, Sport, beruflicher Erfüllung und vielem mehr. Für Wesentliches wie die grundsätzliche Liebe, sich Geborgenheit geben und vermitteln, Kommunikation und Sexualität gilt: Auf Dauer ist nicht die Quantität, sondern auch das Kultivieren einer hohen Qualität entscheidend. Daraus erwächst Partnerschaftsstabilität – ob in der Ferne oder in der Nähe. Definieren Sie sich als Paar und erhalten Sie das Wir-Gefühl, indem Sie verlässlich festlegen, Zeit mit Ihrem Partner alleine und eventuell mit den Kindern zu verbringen! So verringert sich ein mögliches Konkurrenzgefühl zwischen den eigenen Ansprüchen, denen des Partners, der Familie und den Erfordernissen des Berufs. Auf diese Weise fällt es leichter, Freiräume zu akzeptieren.

Mein Fazit: Kommunizieren Sie auch während der Woche regelmäßig miteinander über Wesentliches und Alltägliches.

Lassen Sie den Partner auf vielerlei Weise an Ihrem Alltag teilhaben! Schaffen Sie dafür Rituale und Zeitinseln. Ein langes Wochenende mit einem spontan freien Urlaubsmontag empfinden viele Fernbeziehungspaare als wertvolles Lebenselixier! Diese Rituale verstärken das Gefühl der Gemeinsamkeit. Der Spagat der Fernbeziehung – sei sie auf Zeit oder eine dauerhafte Wochenendbeziehung – bedeutet, sich bei jedem Wiedersehen Raum zu lassen für Abstand, Erholung und Hobby, trotz der Knappheit der Ressource gemeinsame Zeit. Nur so bleibt bei aller Strukturiertheit Raum für Beziehung, Spontaneität, erholsames Nichtstun und sich „Neu-aneinander-gewöhnen". Dieser Freiraum ist aber genauso für eine Nahbeziehung unerlässlich. Zeitlos wichtig ist: Sprechen Sie Konflikte an und lösen Sie diese schnell, auch wenn es vermeintlich die Harmonie der raren gemeinsamen Zeit stört. Und bedenken Sie: Auch Nahbeziehungspaare haben natürlich immer wieder Spannungen und streiten! Nur vielleicht nicht an so absehbaren Tagen beim Wiedersehen und Abschiednehmen. Aber dies zu wissen, darin könnte doch, so schwer es klingt, schon wieder eine ganz eigene Chance für Ihre Partnerschaft liegen ...

Sich selbst bejahen.
Uwe Böschemeyer
56 Seiten, Hardcover
978-3-8319-0035-0

Sich selbst bejahen können, bedeutet Aktivität und heißt, trotz mancher Mängel oder Schwächen mit sich einverstanden sein, sich annehmen können.
Dazu ist es wichtig, die eigene Einzigartigkeit zu erkennen, weil in jedem Menschen etwas Kostbares ist, das in keinem anderen ist. Jeder hat seinen eigenen Glanz.
Der bekannte Logotherapeut Uwe Böschemeyer gibt Denkanstöße, wie ein gutes, selbstbejahendes Leben möglich ist.

Dr. Uwe Böschemeyer, 1939 geboren, Schüler von Prof. Viktor E. Frankl. Schwerpunkte seiner Arbeit sind neben der „Existenzanalytischen Logotherapie" die von ihm begründete „Wertorientierte Persönlichkeitsbildung" sowie die „Wertorientierte Imagination".

Sinn für mein Leben finden.
Uwe Böschemeyer
56 Seiten, Hardcover
978-3-8319-0033-6

Sinn ist das, was der Mensch am meisten braucht. Daher ist Sinn das vorrangige Motiv menschlichen Lebens. Aber: Kein Mensch kann Sinn für einen anderen finden. Jeder findet ihn nur für sich selbst.
Dazu gehört u. a. der Umgang mit der eigenen Gegenwart. Denn wer das Hier und Heute nutzt, findet Möglichkeiten, den Tag wirklich auszuschöpfen. Sinn wird fühlbar, wenn man ganz in der Zeit und an diesem Ort zu Hause sein kann.
Der Autor macht Mut, die innere Welt, die „Weisheit des Herzens" (Pascal) zu entdecken, um so den eigenen Weg zu finden.

**Allein leben.
Probleme und Chancen**
Uwe Böschemeyer
56 Seiten, Hardcover
978-3-8319-0080-0

Die Kraft deiner Gedanken
Uwe Böschemeyer
56 Seiten, Hardcover
978-3-8319-0032-9

Für die meisten Menschen ist eine gute Partnerschaft der wichtigste Wert. Mehr als die Hälfte der Bevölkerung in Deutschland lebt jedoch allein. Die sich daraus ergebenden Probleme sind erheblich.
Uwe Böschemeyer veranschaulicht sie und beschreibt Hilfen, die über die üblich gewordenen Marketing-Angebote an Singles weit hinausgehen. Seine Denkanstöße und Empfehlungen sind das Ergebnis langjähriger Erfahrung im Umgang mit Alleinstehenden. Sie zeigen, dass Leben gelingen kann, so oder so.

Dr. Uwe Böschemeyer gründete nicht nur das Hamburger Institut für Existenzanalyse und Logotherapie, sondern 2006 auch die Akademie für Wertorientierte Persönlichkeitsbildung in Lüneburg.

Wir „sehen" nur wenig von dem, was Gedanken in uns und anderen bewegen. Dabei sind Gedanken eine Großmacht. Sie nehmen Einfluss auf unsere Gefühle, unsere Entscheidungen und unser Handeln. Sie bestimmen unsere Sprache und schaffen die Voraussetzungen für die Art, wie wir mit Menschen umgehen.
Uwe Böschemeyer zeigt Hilfen auf, die uns befähigen, so gut wie möglich mit unseren Gedanken umzugehen und negative in positive zu verwandeln. Er ermutigt den Leser dazu, sich von bedrängenden Gedanken zu befreien, um wieder Raum für eigene Entscheidungen, für neue Lebensqualität zu gewinnen.

**Das heitere Enneagramm.
Eine verständliche
und humorvolle Typenlehre**
Uwe Böschemeyer
144 Seiten, Hardcover
978-3-8319-0222-4

**Bei sich beginnen.
17 Wege zum Glück**
*Uwe Böschemeyer/
Magda Van Cappellen*
160 Seiten
Hardcover mit Schutzumschlag
978-3-8319-0330-6

Die inzwischen weltweit bekannte Typenlehre des Enneagramms ist ein Glücksfall für die Psychologie. Sie beschreibt neun Charaktere, die sich im Denken, Fühlen und Handeln unterscheiden.
Uwe Böschemeyer führt verständlich und humorvoll in diese Schatzgrube der Menschenkenntnis ein und regt dazu an, daraus persönliche Schlüsse zu ziehen.

Glück, sagt Uwe Böschemeyer, ist das Erleben eines Menschen, die Situation, in der er sich befindet, voll bejahen zu können und nirgendwo anders sein zu wollen. Uwe Böschemeyer beschreibt anschaulich die Wege zum Glück.
Magda Van Cappellen schildert in berührender Weise die therapeutische Begleitung einer jungen Frau, die unglücklich kam und glücklich ging.

Magda Van Cappellen war 14 Jahre Leiterin des „Instituts für Angewandte Heilpädagogik" in Bielefeld. Bis 2010 Mitarbeiterin und stellvertretende Leiterin des „Hamburger Instituts für Existenzanalyse und Logotherapie".

Sag Ja und lebe!
Meditationen für jeden Tag
Uwe Böschemeyer
400 Seiten, Hardcover
978-3-8319-0289-7

Wir sind Zeugen einer rasant verlaufenden technologischen Entwicklung, eines umfassenden Wandels unserer Gesellschaft, einer Internationalisierung des Lebens, einer radikalen Veränderung in der Wirtschafts- und Arbeitswelt. Angesichts dieser Entwicklungen stellen sich die Menschen tief greifende Fragen: Wie kann Leben im Wandel der Zeit gelingen? Gibt es Wegweiser fürs Leben? Auf welche Werte kommt es an? Wie finde ich Freude und Zufriedenheit? Auf diese und viele andere Fragen gibt das Jahrbuch Hinweise und Anregungen.

Das Leben meint mich.
Meditationen für den neuen Tag
Uwe Böschemeyer
400 Seiten, Hardcover
978-3-8319-0016-9

Das Jahrbuch „Das Leben meint mich" ist eine starke Herausforderung, Leben zu bejahen. Es ist mit Herz und Verstand in einer einfachen und emotionalen Sprache geschrieben und basiert auf vielen Erfahrungen im Umgang mit Menschen. Die Inhalte umspannen die ganze Weite des Lebens. Der Autor beschreibt konkret, welche Wege zu Sinn und Glück möglich sind. „Das Leben meint mich" ist eine Fundgrube der Menschenkenntnis und ein Kompass für die Orientierung im Leben.

Tantra.
Das Liebes- und Beziehungstraining für Singles und Paare
Leila Bust/Bjørn Thorsten Leimbach
208 Seiten, Klappenbroschur
978-3-8319-0377-1

Springen Sie über Ihren Schatten!
Glück ist keine Glückssache
Leila Bust/Bjørn Thorsten Leimbach
224 Seiten, Klappenbroschur
978-3-8319-0439-6

Tantra ist ein Weg der Erfahrung und Praxis. Dennoch lässt es sich nicht einfach an ein paar Stellen ins Leben einbauen. Vielmehr geht es um eine ganzheitliche Sichtweise, die das eigene Leben tief verändert und es mit mehr Liebe und Achtsamkeit erfüllt.
Dieses Buch ist ein praxisorientierter Lehrgang, der sich auf die Entwicklung der eigenen Liebes- und Beziehungsfähigkeit konzentriert. Daher sind alle Übungen auch für Singles geeignet.

„Tantra im Alltag" könnte das Motto dieses Titels lauten. Der gesamte Inhalt ist für den Alltag konzipiert, sodass Sie auch ohne Vorerfahrung die ersten Schritte auf dem tantrischen Weg wagen können.
Körper Geist Seele Berlin

Jeder möchte glücklich leben, aber was kann man dafür tun?
Stellen Sie sich ein Jahr lang wöchentlich einer neuen Übung und sehen Sie, wie sich Ihre Sichtweise verändert. Bei diesem Glückskurs geht es darum, die eigenen Denk- und Verhaltensstrukturen zu durchschauen, sie zu verändern und die Freiheit zu erlangen, sein Leben aktiv und kreativ zu gestalten. Die Anleitung von Leila Bust und Bjørn Thorsten Leimbach ist provokant, humorvoll und äußerst effektiv. Probieren Sie es aus! Seien Sie mutig, springen Sie über Ihren Schatten!

Leila Bust ist Paar- und Familientherapeutin.
Bjørn Thorsten Leimbach ist Heilpraktiker für Psychotherapie, Paar- und Sexualtherapeut.

**Woher kommt die Kraft
zur Veränderung?**
Stephan Peeck
312 Seiten, Klappenbroschur
978-3-8319-0222-4

**Was uns gesund macht.
Die heilende Kraft
von Liebe und Glauben**
Stephan Peeck
176 Seiten, Klappenbroschur
978-3-8319-0330-6

Konkret und lebensnah entfaltet Stephan Peeck Methoden, mit denen sich die wichtigsten inneren Kraftquellen zur persönlichen Weiterentwicklung erschließen und typische Hindernisse auf diesem Weg überwinden lassen. Der erfahrene Therapeut schildert, wie es möglich ist, die eigene Charaktergrundstruktur zu erkennen und ihre positive Energie nutzen zu können. Er zeigt, wie sich aus Träumen und Wertimaginationen starke Lebensenergie schöpfen lässt, und leitet dazu an, verborgene Motivationskräfte neu zu entdecken.

Dr. Stephan Peeck, geb. 1955, studierte zunächst evangelische Theologie, anschließend erlernte er die Logotherapie bei Dr. Uwe Böschemeyer und promovierte zum Thema Suizidverhütung.

Eine lebendige Religiosität oder Spiritualität wirkt sich positiv auf Gesundheit und Heilung aus. Das haben neueste Forschungsergebnisse aus breit angelegten psychologischen Studien seit Mitte der 1990er-Jahre eindeutig belegt.
Stephan Peeck greift diese hochaktuelle Diskussion auf. Er zeigt, wie sich die – häufig verschlossene – Tür zur geistigen Dimension wieder öffnen lässt, und geht anhand von Praxisbeispielen insbesondere auf die heilenden Kräfte der religiösen Symbole unseres Unbewussten ein. Glauben kann die Selbstheilungskräfte aktivieren.

Dr. Stephan Peeck arbeitet seit 1987 als Logotherapeut und leitet das „Institut für Logotherapie und Existenzanalyse Hamburg-Bergedorf".

Jein! Bindungsängste erkennen und bewältigen. Hilfe für Betroffene und deren Partner
Stefanie Stahl
272 Seiten, Klappenbroschur
978-3-8319-0290-3

So bin ich eben! Erkenne dich selbst und andere
Stefanie Stahl/Melanie Alt
272 Seiten, Klappenbroschur
978-3-8319-0200-2

„Hinter sehr vielen Beziehungsproblemen stecken letztlich Bindungsängste", weiß die Psychotherapeutin Stefanie Stahl. In lebendigen Fallbeispielen erklärt sie die typischen Verhaltensmuster der Beziehungsängstlichen und stellt die „Jäger", „Prinzessinnen" und „Maurer" vor. Wer das Buch gelesen hat, weiß, wie er Menschen mit Beziehungsängsten erkennt und wie er mit ihnen umgehen kann. Ein Buch für Betroffene und ihre Partner.

Stefanie Stahl ist 1963 in Hamburg geboren und dort aufgewachsen. Sie studierte Psychologie an der Universität Trier.

Sich und andere zu verstehen ist so schwer und doch so einfach. Wer hätte sie nicht gern, die „Gebrauchsanweisung" für sich selbst und für seine Mitmenschen?
Ein Buch mit vielen Aha-Erlebnissen: Plötzlich sieht man typisch menschliche Verhaltensweisen in einem ganz neuen Licht. Verbunden werden diese Einsichten mit konkreten Ratschlägen, wie man mit sich selbst und seinen Mitmenschen am besten zurechtkommt.

Melanie Alt, Jahrgang 1974, ist Diplom-Psychologin.

Stefanie Stahl arbeitet seit 1993 als Psychotherapeutin und Sachverständige für Familiengerichte in freier Praxis in Trier.

**Leben kann auch einfach sein!
So stärken Sie
Ihr Selbstwertgefühl**
Stefanie Stahl
272 Seiten, Klappenbroschur
978-3-8319-0443-3

**Jung alt werden.
Warum es sich mit 40 schon lohnt, an 80 zu denken**
Carola Kleinschmidt
240 Seiten, Klappenbroschur
978-3-8319-0416-7

Menschen, die über ein starkes Selbst verfügen, haben eine gute Meinung von sich, sind optimistisch und befinden sich mit ihren Mitmenschen auf Augenhöhe. Der Selbstwert ist das Kraftwerk der Seele! Dieses Gefühl kann man stärken, indem man sich selbst akzeptiert; indem man klar kommuniziert; indem man zielgerichtet handelt; indem man seine Gefühle reguliert und indem man sein Leben genießt. Wie das gelingen kann, zeigt Stefanie Stahl in anschaulichen Beispielen.

Die Lebenserwartung in Deutschland ist in den letzten 100 Jahren um 30 Jahre gestiegen.
So viel mehr Leben! Was fangen wir damit an? Das lange Leben stellt alles auf den Kopf. Wir haben viel mehr Zeit als noch unsere Großeltern. Wir werden länger arbeiten, vermutlich oft den Arbeitgeber oder sogar den Beruf wechseln. Wir wollen nicht ins Altenheim, sondern auch später lieber anders wohnen und unser Leben, so lange es geht, selbst bestimmen.
Dies kann gelingen, indem man bereits mit 40 an 80 denkt. Weil wir die Weichen für ein gutes Altwerden bereits mit 40 stellen, und weil es jung hält und Freude macht, sein Leben aktiv zu gestalten. Lebenslang.

Literatur/Impressum

Verwendete Literatur
Sabine Asgodom, Siegfried Brockert: Das Glück der Pellkartoffeln. Vom Luxus der Zufriedenheit, München 2009
Christine Koller: Liebe auf Distanz. Fernbeziehungen – und wie man sie meistert, München 2004/2006
Peter Wendl: Gelingende Fern-Beziehung. Entfernt zusammen wachsen, Freiburg/Breisgau, 3. Aufl. 2007
Peter Wendl: Soldat im Einsatz – Partnerschaft im Einsatz. Praxis- und Arbeitsbuch für Paare und Familien in Auslandseinsatz und Wochenendbeziehung, Freiburg/Breisgau 2011
Zum Stichwort Einsamkeit auf S. 76/77: Seite „Einsamkeit". In: Wikipedia, Die freie Enzyklopädie. Bearbeitungsstand: 12. Mai 2011, 19:12 UTC.
URL: http://de.wikipedia.org/w/index.php?title=Einsamkeit&oldid=88763604 (Abgerufen: 14. Juli 2011, 09:02 UTC)

Bibliografische Information der Deutschen Nationalbibliothek
Die Deutsche Nationalbibliothek verzeichnet diese Publikation in der Deutschen Nationalbibliografie; detaillierte bibliografische Daten sind im Internet über http://dnb.d-nb.de abrufbar.

ISBN 978-3-8319-0444-0

© Ellert & Richter Verlag GmbH, Hamburg 2011

Dieses Werk einschließlich aller seiner Teile ist urheberrechtlich geschützt. Jede Verwertung außerhalb der engen Grenzen des Urheberrechtsgesetzes ist ohne Zustimmung des Verlages unzulässig und strafbar. Dies gilt insbesondere für Vervielfältigungen, Übersetzungen, Mikroverfilmungen und die Einspeicherung und Verarbeitung in elektronischen Systemen.

Text: Katja von Eysmondt, Langenfeld; Dr. Peter Wendl, München
Lektorat: Simone Winkens, Hamburg
Gestaltung: Büro Brückner + Partner, Bremen
Gesamtherstellung: GGP Media GmbH, Pößneck

www.ellert-richter.de

Titelfoto: © Torbz – fotolia.com

Grafik auf S. 161 mit freundlicher Genehmigung des Autors nach: Peter Wendl: Soldat im Einsatz – Partnerschaft im Einsatz, S. 56